Money錢

Money錢

慢步股市

給存股族的12個致富心法

周文偉（華倫）——著

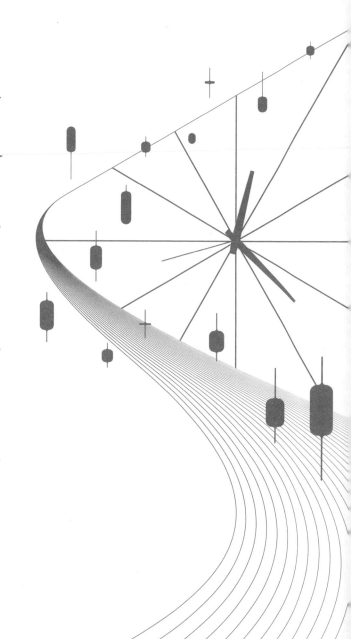

推薦序 1 ｜ 投資兼顧紀律和健康才是雙贏 ················· 6

推薦序 2 ｜ 有時候慢慢來 更快抵達理想彼岸 ········· 10

自序｜ 慢慢來比較快 投資別白忙一場 ········· 16

前言｜ 打造超強存股意志 買一次股票領終身息 ········· 22

● 存股致富心法 1
設定長期目標 成功之路慢慢走 ················· 28
股市多頭時期 人人都是股神／設定明確目標 找出存股最佳策略
掌握時間 以不變應萬變／靠存股累積財富 心急就容易犯錯

● 存股致富心法 2
3 面向思考 戒掉短線投資癮 ················· 44
短線求刺激 踏上不歸路／投資不但要賺錢 還要長期都能賺
股市練坐功 無須猜漲跌／ 3 面向思考 存股才是最終贏家
自己選的存股 要能說出過人之處

● 存股致富心法 3

存慢飆成長股 財富累積先慢後快 ················· 64
把股市當賭場 不到 5% 能贏錢／投資護國神山 誰是最後贏家？
投機賺不了錢 別買不懂的股票／逢低買進或賣出 往往是一念之差
存成長股 資本利得、股息兩頭賺／方法對了 存股之路才能走到底

● 存股致富心法 4

歡迎股災來臨 低點買進才是贏家 ················· 84
好公司買到底 不要和景氣一起循環／渡過「世界末日」指數不停漲
個股長線跑贏大盤 具備 2 特質／價格漲太高 遇紅燈先暫停

● 存股致富心法 5

存股耐心至上 拒當猶豫投資人 ················· 100
景氣循環難預測 長期持有最重要／借錢壓力大 耐心＋策略才是關鍵
股票不是彩券 運氣好壞靠心態／兩岸關係緊張 投資眼光放長遠
存股忍住別看 退休迎來豐收

● 存股致富心法 6

優雅的贏家 有紀律就不會慌亂 ················· 116
風水輪流轉 換股操作不易致富／擇善固執 別當猶豫的投資人
養成存股紀律 十年磨一劍／長抱核心持股 衛星持股為輔

🔍 **存股致富心法 7**

了解買進理由 存股是最賺錢行業 ················· 132

買進成本固定 放越久殖利率越高／公司具成長性 才是存股重要關鍵

在能力圈內投資 好公司落難更要買／用閒錢存股 無後顧之憂

🔍 **存股致富心法 8**

漲多、跌深 都不是賣股理由 ················· 148

打造一輩子飯票 應付人生各種風險／越早開始存股 越快邁向財富自由

長期股價如體重機 反應基本面／成本算破頭 實際獲利才是解答

🔍 **存股致富心法 9**

資產配置學問大 聰明存股、存指數 ················· 166

ETF 汰弱留強 長期績效穩健／拆解 0050 挑選優質成份股

好股票不同進場點 長期績效差不多／3 種判斷方法 累積更多存股數

🔍 **存股致富心法 10**

向巴菲特取經 別只學表面功夫 ················· 186

股神傲人成績 來自 4 大業務／聚焦公用事業 台灣也有範例

最高指導原則 買進並持有／長期抱好股 殖利率接近 50%

● 存股致富心法 11

萬物齊漲 股價也有通膨效應 ⋯⋯⋯⋯⋯⋯⋯⋯⋯ 202

惡性通膨來臨 千金難買衛生紙／現金會縮水 好股票價值更高

存股必學 算對正確報酬率／閒錢放銀行 財富龜速成長

做短線患得患失 賠錢還得付手續費

● 存股致富心法 12

克服心魔 最大的敵人是自己 ⋯⋯⋯⋯⋯⋯⋯⋯⋯ 218

方法 1：成本不用錙銖必較 時間就是解藥

方法 2：存股要輕鬆 保持愉悅心情

方法 3：不貪圖高報酬 複利小錢滾大錢

方法 4：逆向投資 提高勝算

方法 5：保持距離 降低情緒影響

存股贏家 31 個關鍵 Q&A ⋯⋯⋯⋯⋯⋯⋯⋯⋯⋯ 232

後記｜越簡單的東西 可以越長久 ⋯⋯⋯⋯⋯⋯⋯ 260

投資兼顧紀律和健康
才是雙贏

「大俠，我才剛進入股票市場 3 個月，但目前未實現損益都是負的，該怎麼辦？」網友私訊問。

「大俠只能說恭喜你！這句話不是在諷刺，是真心的恭喜你，因為要是你才剛進來股票市場投資，庫存馬上變為正，那根本叫做虧爆，而不叫做賺爆。」大俠回。

試想，一個剛出社會的小資族，距離退休可能還要經歷 20、30 年以上的職場人生，才有機會累積出足夠的資產，來 Cover 退休生活的每一天，要是剛進入市場第 1 年就遇上多頭翻漲，那麼很有可能要花更多的職場歲月，才能打造出股息

Cover 印鈔機。

「為何要花更多時間才能打造出來？」網友回問。

因為短期價格快速飆漲，會導致累積資產的速度變慢，也更容易把後面還沒領到的薪資給全數軋空了。試想，在還沒存夠房產頭期款之前，有人會喜歡房價開始漲嗎？應該沒有吧！如果能懂這道理，你怎麼會喜歡在還沒累積到足夠的資產前，就希望股票快速飆漲呢？

要知道最美好的布局區間，就是利用空頭市場股價收斂至價值區時投入資金，進行數年的薪水、獎金分紅以及股息再滾入，如此布局後的上漲才是真正過癮。要是才布局 3 個月就看到上漲，只會賺到蠅頭小利而已，實在不需要為了短利而沾沾自喜。

「大俠，數十年以上都不漲，然後一次漲足，豈不是會更過癮？」網友問。

理論上是如此沒錯，但以實際面來說，一間績優企業要它數十年以上都不漲還真的很難，因為一間有辦法連年成長的公司，且是不間斷將盈餘分紅給股東的績優股，市場對它的鑑價

估值容易相對提升。所以要多趁空頭來時布局，因為空頭市場頂多只是股價收斂，只要其價值不變，反倒能在這時累積出更多的股數。

所以關鍵在哪？關鍵在於股價要漲可以，前提是企業價值、股息分紅要與年俱增，這種上漲才會好，因為價值提升更能實質幫助長線投資人累積資產。

有句話華倫老師常說：花更少錢買更多股數，明年股息會增加很多；有段話大俠也常分享：專注本業，閒錢投資，以逸待勞，雪中送炭。

我們的意思皆是，專注本業提升自我價值、努力升官加薪，不因市場空頭來臨中斷布局紀律，因為這時能用更少的錢買進更多股數，只要以逸待勞等待市場回春，即可享受底部雪中送炭買進績優股的整段市場報酬。

華倫老師一直都是我非常欣賞的實戰投資作家，每天下午1點半大俠我都能準時看到華倫大大臉書貼的投資心法及實戰布局對帳單，我們不僅能從投資看出華倫大大的堅持，也能從他的身材看出來，沒有數十年以上的習慣累積，很難淬鍊出如

此的筋骨皮，真的是從裡到外，都活出長期投資人不曾放棄過紀律的模樣。

有次我跟華倫大大在電話裡頭聊天，我問他說平常會不會吃炸雞？他回我說他幾乎不吃炸物，然後我們倆的話題就開始聊起健康，明明原本要聊投資，但通話過程中卻幾乎都在聊運動、約喝咖啡。

因為投資就是這樣，兩三句話就可以講完，當你的投資上了軌道後，接下來只要維持紀律、專注於生活以及保持健康即可，別忘記健康的身體，也是推動複利引擎的燃料之一。

結果從那通電話至今我也瘦了十多公斤，把原本宵夜吃炸雞跟臭豆腐的錢，拿去買持續收斂的台股，創造健康、投資雙贏的格局。

存股達人 **大俠武林**

有時候慢慢來
更快抵達理想彼岸

在投資的世界中有句話是這樣說的:「沒人想要慢慢變有錢」,在各種投資資訊的推波助瀾之下,彷彿「變有錢」是一件簡單又理所當然的事情。

我記得自己早期接觸投資時,能夠在 50 歲前達成財富自由目標(投資創造的現金流足以 Cover 支出所需),已是讓人羨慕不已的事情。

但如今呢? 45 歲? 40 歲?甚至 30 歲就能退休離開職場的聳動標題,一則一則傳送到我們眼前,彷彿這個時間點沒達成,就輸了人生。

急躁容易犯錯

2020 年時有位投資學員跟我說了他的投資故事，他在 2018 ～ 2019 年間利用工作之餘獲得的投資績效還算不錯，2019 年間的獲利甚至比工作一整年的薪水加獎金還多，因此他在思考，在閒暇之餘進行投資就能獲得如此績效，要是專職投資的話，豈不是自己也能在 40 歲之前就達成財富自由目標？

恰好當年底，他因為工作上有些不順遂，又與同事起了些爭執，成為專職投資人的念頭強烈湧起，於是提出辭呈，年終獎金也不想領了，一心一意往專職投資之路前進。

隔年發生了什麼事情？疫情忽然來襲，打亂所有人的生活步調，也讓股票市場連番重挫，那位學員過去 2 年的獲利，在短短 4 個月中全部賠光了。離開職場後，他投資心態變的患得患失，因為不像過去可以靠薪資收入過生活，為了提前達成財務目標，選擇拉大槓桿投資，更進一步打擊他的財務狀況。

在那之後，我問他：「現在想怎麼做呢？」他淡淡地說：「我曾經問公司能否讓我回去上班，他們答覆說公司受疫情影響已凍結人事，當時的工作也已經有人替補。我現在手中的現金大多數已經賠給市場，要去跟銀行借信貸來搏一把，最近發現石油期貨似乎有機會，新聞都說石油已經跌到開採成本了，現在重押穩賺不賠。」

我不知道他後來有沒有借信貸翻身，希望他沒有。因為2020年4月出現了罕見的負油價事件，那些認為不會跌破開採成本的投資人，都重重地摔了一跤。

慢慢來才是投資真諦

過去在職場歷練的經驗告訴我一件事情：「重要的事情通常不急，急的事情通常不重要。」那麼，透過投資達成財富目標是不是一件重要的事情呢？是，它是，而且非常重要。既然很重要，自然是要慢慢來才對，透過職場勤勉工作、累積資金，慎選投資標的，持續增加投資部位規模，這些東西

是急不來的。

曾有學員問我：「老師，我才剛開始工作沒有很多錢投資要怎麼辦？」我覺得這問題很詭異，剛出社會沒什麼錢是正常的，在職場累積資歷與表現，隨著時間提高職務與負責範圍，自然會增加可投資的金額。

但他不這麼想，他認為投資就是一種快速致富的手段，只要一開始有一大筆錢投入，後面就能輕易達成目標，所以重點是怎麼在一開始拿到一大筆錢，透過職場收入太慢，還會被前輩罵，工作又不見得是自己喜歡的，這不是他想要的方式。

但是投資本來就是慢的過程，「財不入急宅」是老祖宗教我們的道理。

華倫老師這本書揭示他對投資市場的理解，以他獨特的口吻訴說存股心法，像是戒除短線投資癮、將資金引導到具有長期成長獲利的企業上。或是市場出現重大事件引發股市回檔，反而是增加持股的好機會，這些都是實戰經驗累積的心法，這種東西並非長篇大論才有價值，短短幾句話就能把

慢步股市

精華濃縮在其中，更引人入勝。

選獲利而不是選華麗

我們在存股的過程中，首重有價值成長的企業，這是為什麼？因為我們是股東，我們要跟企業一同分享經營利潤，唯有企業利潤持續增長，長期存股的投資部位價值便會隨著企業一同增長。

選公司並不是在選孔雀（華麗、消息眾多），而是在選大牛（樸實、低調、勤奮），書中講到的中華食（4205），就是一檔低調的大牛股，曾經也是我的長期持股之一。

一間賣豆腐的公司究竟有什麼吸引力？這是很多人心中的疑問，但我想問：「投資最終的目的是要跟企業分享利潤，那你是要選華麗、消息眾多，但不見得能持續賺錢的公司，還是選一間低調、沒太多消息，但體質良好且持續獲利的公司呢？」

顯然，答案是後者，中華食這間公司就是符合這樣的選股

邏輯，華倫老師也在書中分享他的選股邏輯與對企業的持續觀察，唯有對企業深入了解才能長期持有，唯有對存股深刻理解才能寫出扼要的精華。

我們在存股的世界裡尋尋覓覓，想要找到一位導師來引導我們，深讀一本書就是在跟作者深度對話，想要理解存股的真正內涵，這本書是你很好的開始！

不看盤投資專家 **股魚**

―――――― 自序 ――――――

慢慢來比較快
投資別白忙一場

談到投資，絕大多數的投資人還是試圖預測股價漲跌，想要做出低買高賣的神操作，賺取價差，然而每天的股價總是難以預測，你想賺價差，別人也想賺價差，你憑什麼認為是你能賺到價差，跟你做出買賣相反動作的人都要賠價差給你？

歷史總是一再重演，2020 ～ 2021 年是近 20 年來難得一見的大多頭，投資人應該都聽到身邊同事和親朋好友出現不少「少年股神」的故事，不過到了 2022 年股市反轉，投資氣氛風雲變色，不知這些少年股神們如今安在？

過去十幾年來，我也聽過很多親朋好友在某個階段賺了

很多錢，可是說也奇怪，為什麼這些人現在還在朝九晚五上班呢？為什麼這些人還三不五時問我什麼股票可以買呢？這十幾年來，他們一直在告訴我賺錢的故事，從沒告訴我賠錢的故事，照理說他們一直賺錢，不是早就該財富自由了嗎？

後來我才知道，他們賠錢的時候不會告訴你，股票玩了大半輩子，資產沒有增加，只是讓券商賺到手續費和政府抽稅罷了。

正如投資大師查理・蒙格（Charlie Munger）所說：「我不知道有誰因為類股輪動操作而真正發大財，也許有人真的能夠做到，但我所認識的很多有錢人並不那麼做。」言下之意，就是說蒙格認識的有錢人，都是靠自己創業或長期投資績優公司賺到大錢的。

傳奇的基金經理人彼得・林區（Peter Lynch）說過：「在過去 70 年歷史中，發生過 40 次股價暴跌，就算我有 39 次預測到，並將股票提前賣出，但我最後卻是後悔萬分，因為即使在跌幅最大的那一次股災，最後股價還是漲回來了，而且漲得更高。」由此可知，你只要買進績優股票，耐心等待就可以了。

這邊也舉一位華倫幫存股同學 Jason 母親的例子，J 媽持有南亞（1303）股票快要 30 年，2022 年來自南亞的現金股息就有 146 萬元，我相信如果 1 年有 146 萬元的被動收入，應該足以過不錯的退休生活，然而大家知道這 20 多年來全球發生了什麼大事情嗎？

包括亞洲金融風暴、網路泡沫、911 恐怖攻擊、SARS、金融海嘯、歐債危機、美國政府關門、英國脫歐、中美貿易戰、新冠肺炎、殖利率反轉、Omicorn 病毒等等，南亞的股價也不是每天漲，有時候也會大跌，但那又如何呢？買進股票就是擁有一家公司的部分股權，公司的經營團隊和員工無時無刻都在幫你賺錢，這叫做「被動收入」。

所以，價值投資存股的第一步，就是要忽略「市場先生」每天的報價，你要忽略每天股價變化，當個「投資人」，而不是「交易人」。

以我自己為例，20 幾年前，剛退伍時也當過少年股神，當時買進電子股，每天早上起床眼睛睜開就賺 5 萬元，跟我的月薪一樣多，因為當時電子股每天都漲停板，就像 2020、

2021 年最熱門的口罩股和航運股，然而，我短線操作了 5、6 年，最後連本帶利輸回去，還多繳了許多手續費和證交稅。

如果你把股票市場當成賭場，很抱歉，答案是十賭九輸；如果你把股票市場當成是投資賺錢的地方，答案是：「只要時間夠長，最後一定大賺。」我怎麼知道？因為我曾賭過 5、6 年，也長期投資了 17 年，自己就是活生生的例子。

當一間公司賺取暴利的時候，一定會有很多競爭者進入市場搶食大餅，不斷增資擴產，最明顯的例子就是 2000 年以前，CD-R 光碟片需求遠遠大於供給的時候，股價紛紛狂飆，廠商的工廠一棟接著一棟擴廠，還有人預期 CD-R 的公司將會登上台股股王寶座，結果呢？新產品出現、CD-R 供過於求、廠商關門的關門，CD-R 也從熱門產業步入「慘業」。

不只 CD-R，過去包括鋼鐵、DRAM、太陽能、面板、甚至這兩年最火紅的航運業……都曾經在景氣復甦時大舉擴產，在景氣反轉的時候出現供過於求，厲害的廠商還能勉強維持營運，有些廠商不堪虧損就直接「登出」了，或是被整併了，產業重新洗牌，一直到下一次的景氣復甦，也就是所

謂的「景氣循環」。

這類公司並沒有獨門的經濟「護城河」優勢，就是隨市場供需和景氣波動來決定公司的獲利大小或虧損程度，股價也因此隨著景氣走勢大起大落，不少投資人（其實是投機者）以為自己可以站在景氣循環的浪尖上，買低賣高賺錢走人，多年以後回頭一看，多半是白忙一場。

就我的觀察，近年來，有越來越多投資人加入存股行列，這讓我感到非常開心，因為長期投資的勝算是非常非常高，比起當沖短線的快速度，我更強調「慢」，先不講當沖短線讓你每天心神不寧、血壓升高、呼吸急促、影響工作，就連績效也遠不及長期投資者，即使你用最簡單的方式「定期定額存股」都可以達到財富自由的目標。

只是，面對投資路上各種貪婪的誘惑、恐懼的試煉，除了手上要有硬底子的存股方法（武器）之外，也必須要有柔軟彈性的存股心法（策略），軟硬兼施才足以抵抗長期投資路上的貪與懼。

我過去幾本書已經把存股方法談得非常詳盡，但我也知道

許多投資人面臨「知易行難」的問題，在關鍵時候常有無法克服心魔、將所學知識應用在實際操作上的擔憂，因此，這次新書將帶給讀者一番新風貌，以提高投資 EQ 和 FQ（Financial Quotient，財務智商）的角度出發，透過 12 個投資心法強化存股族的軟實力，期許幫助投資人打造出投資的高 EQ，真正落實用股息打造被動現金流的目標。

回答本書開頭的提問，一時風潮的「造神」往往禁不起時間的考驗，只有經過數十年試煉，仍然縱橫市場、泰然自若如巴菲特者，才稱得上股神。對於存股族來說，持續累積戰果是目標，長期投資則是「不二法門」，因為，投資賺錢是等出來的，如同龜兔賽跑一樣「慢慢來比較快」，也祝大家都是投資路上穩健抵達終點的贏家，讓我們一起「慢步股市」。

周文偉

前言

打造超強存股意志
買一次股票領終身息

在本書最後校稿階段（2022 年 11 月初），台股仍不斷破底，就像我過去碰到的許多重大事件，如次頁表所示。

　　即便你每次都能預測到股市下跌而賣出股票，指數或個股後來都會再創新高，若將過去 20 年上市公司配息還原回去，其實台灣發行量加權報酬指數已經達 2 萬 6 千點，而非大家認知的 1 萬 2 千點左右，更遑論 1966 年加權指數只有 100 點而已，由此可知長期存股的報酬率是非常驚人的，只要你有耐心。

重大利空事件				
事件	時間		指數	指數跌幅（%）
中共射飛彈	高點	1994/12	7,180	-37.69
	低點	1995/8	4,474	
SARS	高點	2002/4	6,484	-40.7
	低點	2002/10	3,845	
金融海嘯	高點	2007/10	9,309	-57.51
	低點	2008/11	3,955	
TRF 風暴	高點	2015/4	10,014	-28.07
	低點	2015/8	7,203	
美中貿易戰	高點	2018/1	11,270	-16.59
	低點	2018/10	9,400	
新冠肺炎	高點	2020/1	12,186	-29.99
	低點	2020/3	8,532	
美國升息	高點	2022/1	18,619	-31.8
	低點	2022/10	12,698	

還原後配息後的發行量加權報酬指數		
日期	台灣加權指數	發行量加權股價報酬指數
1966	100	—
2002/12/31	4,452.45	4,452.45
2022/10/28	12,788.42	26,540.47

　　2022 年無疑是個空頭市場，股市暴跌 30% 以上，投資人怎麼買怎麼套！單日成交金額也從 5,000 億元以上萎縮到 2,000 億元以下，股票劃撥存款餘額在 9 月就大減了 1,608 億元，創

下歷史第 2 高紀錄，投資人信心潰堤，不少人退出股票市場。

在股票市場賺錢的人終究是極少數，符合「八二法則」，甚至「九一法則」，但人棄我取、別人恐懼時我貪婪絕對是在股市賺錢的不二法門，然而，很投資人過去 1、2 年買進的股票都套在高點，在股價大跌之際，我們又該如何操作呢？

我先講述自己的經歷好了，我從 2004 年開始存股，4 年後的 2008 年碰上金融海嘯，股票市值腰斬，但我還是將每個月薪水的結餘拿去存股，後來發生歐債危機、美中貿易戰、新冠肺炎、美國升息等利空事件，都導致我的股票市值減少，然而我的股息卻還是不斷成長，次頁圖是我歷年所領到的現金股息，2022 年領到約 250 萬元，2023 年預估可以領到 260 萬元。

所以你一定先要釐清投資股票的目的，如果是希望有一天不用上班，股息的被動收入能超越薪水，那你根本就不需要在意短期股價漲跌，只要把重點放在股息的成長，當股價下跌時，你可以用相同的價錢買進更多股數，股票殖利率更高，而且買進 1 次就可以終身領息，對於你未來幾十年的人生來說，股價下跌應該是好事吧！

華倫投資組合歷年股息　　　　　　單位：萬元

但很多投資人就是要買在最低點，不能忍受買進之後股價下跌，我要坦白告訴你，這很困難，在你的一生當中，2022年的崩盤不會是最後一次，將來還會發生很多次，如果你沒有堅定的耐心與存股紀律，恐怕很難達到財富自由，所以還是老生常談，教大家最簡單的存股方法，就是「定期定額」投資。

以 3 檔產業龍頭股大統益（1232）、中華食（4205）、台積電（2330）為例做說明，假設你在 2004 年初投資 10 萬元在這 3 檔股票上面，截至 2022 年 10 月 28 日的投資報酬率

大統益、中華食、台積電一次性的投資績效			單位：元
股票名稱	大統益	中華食	台積電
股票代號	1232	4205	2330
投入金額	100,000		
期數	17 年		
期末終值	2,349,768	1,885,823	1,194,485
總領現金	771,547	391,263	214,444
投資報酬率	2,249.8%	1,785.8%	1,094.5%
年化報酬率	20.4%	18.9%	15.7%

和累計現金股息，可以看到大統益已經領了 77 萬元現金股息、中華食為 39 萬元、台積電則為 21 萬元，換句話說，當初投資的 10 萬元早就回本了，未來還可以再領一輩子股息，所以根本不需要理會過去 17 年股價如何漲跌。

雖然你在 17 年前單筆買進上述股票的報酬率非常高，然而你只投資 10 萬元，所以無法「財富自由」，想要財富自由，你必須投入更多資金、累積更多股數，每年才能領到更多股息。

試算一下，若 2004 年單筆投資 10 萬元之後，每個月再定期定額投資 5,000 元在大統益、中華食、台積電，由於股價上漲時你持續投入資金，因此「報酬率」會相對較低，但由

大統益、中華食、台積電定期定額的投資績效			單位：元
股票名稱	大統益	中華食	台積電
股票代號	1232	4205	2330
投入金額	1,120,000		
期數	17 年		
期末終值	8,445,532	8,071,859	6,304,387
總領現金	2,435,320	1,500,465	1,013,643
投資報酬率	654.1%	620.7%	462.9%
年化報酬率	12.6%	12.3%	10.7%

於你累積了更多股票，因此股息可以領更多，大統益已經領了
243 萬元的現金股息、中華食為 150 萬元、台積電則為 101 萬
元，不只如此，你還可以繼續領息一輩子，甚至把存股當成傳
家寶一樣，傳子傳孫。

　　最後做個總結，希望大家一定釐清自己的目標，你是要低
買高賣玩價差？還是要存股領股息？如果是後者，我給大家的
建議是：請忽略股價短期的波動，把重點放在未來一輩子可以
領到的股息上面，有紀律和恆心地定期存股。

存股致富心法 1

設定長期目標
成功之路慢慢走

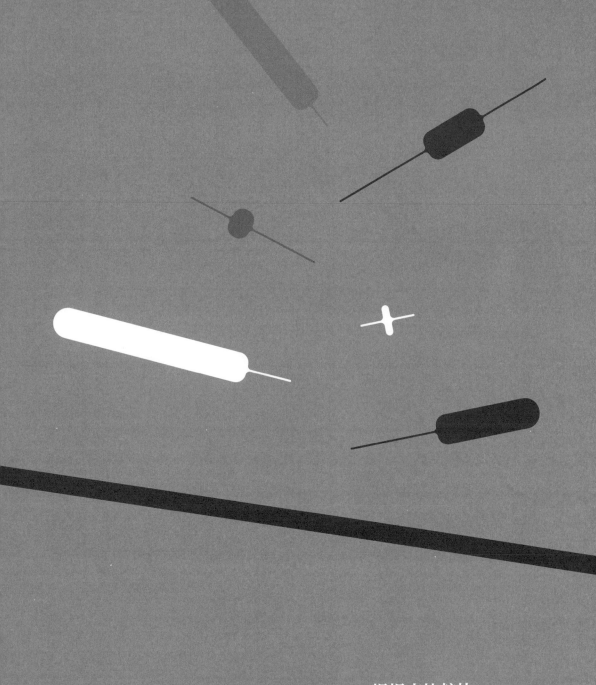

慢慢來比較快，
投資人應該要「慢步」股市，
因為欲速則不達。

　　還記得 2021 年上半年股市狂熱的樣子嗎？新聞常看到成交量創新高、單月證券交易稅也創下新高，當沖交易金額占個股交易 7 成以上也不稀奇，連玩零股的小資族也有不少人在做短線，政府賺飽飽、券商也賺飽飽，還不時聽到路人說當沖賺了幾千元拿去吃大餐的故事。

　　或許這些錢對有些人來說不夠看，大家身邊都有長輩、好友，可能經常聽到各種賺錢的故事，幾十萬、幾百萬元都有，好像就是沒有人賠錢，真是怪了？政府賺錢（收證交稅）、券商賺錢（收手續費）、親朋好友賺錢（買低賣高），連路人也都賺錢（不知真假），怎麼大家都那麼會賺錢，股市不是流行一句「散戶 9 成都賠錢」，怎麼聽到的和過去認知都不一樣？到底是誰在賠錢？

　　以我自己親身經驗，在我投資股票生涯的 20 幾年中，很少聽到親朋好友或路人說自己賠了多少錢，反而都是聽到大家荷包賺得麥克麥克，如果你也是在市場多年的投資人，試著回想看看，在漫長的投資生涯當中，身邊有在投資的親友，是否都只講「賺錢」的故事？

　　有趣的問題來了，如果大家都這麼會賺錢，人人都像股神，照理說，根本就不需要去上班賺錢，應該早早就可以退休了！但實際上，大多數人都還是繼續朝九晚五地努力上班，你身邊的親友又有幾個是真的靠股市大賺錢、提早過退休生活？

股市多頭時期 人人都是股神

　　巴菲特（Warren Buffett）曾說：「大多數人相信自己可以從股市中賺錢（尤其是行情好的時候），現在投資隊伍中充斥著浮躁的人群，他們持有股票的時間取決於心情，他們認為不需要等待企業長時間的經營，就可以獲得龐大利潤，越來越多人加入股票大軍行列，股票價格不斷被抬升，我雖然不知道這會持續多久時間，但隨著更多人加入，將來股票價格下跌得也會越劇烈。」

　　其實，我很清楚身邊親友過去幾十年在股市的慘痛經歷，我相信這不是特例，對於多數投資人而言，他們只記得每次多頭行情賺的錢，卻忽略空頭行情賠的錢。舉例來說，2021 年上半年台股很熱，到了 5 月國內疫情升高才出現降溫（見圖表

1-1），同樣到了 2022 年上半年，股市轉冷，從年初 1 萬 8 千點以上的歷史新高位置，一路盤跌、下跌、修正不停，到 5 月中已經大跌超過 3,000 點（見圖表 1-2），你說嚇不嚇人？

大家在股市行情正熱時，像是 2021 年上半年，常常會迫不及待和身邊親友分享賺錢的喜悅，或是「臭彈」一下自己殺進殺出的輝煌戰果，這是人之常情，無可厚非。只不過，到了 2022 年上半年，大家一定會發現，那些炫耀自己股市戰果的親友，都變得靜悄悄了，為什麼？因為股市修正 3,000 點了，從年初一路跌跌不休，這時候還有多少人敢秀出戰果？

股市類似的戲碼總是一再上演，我自己這 20 多年的投資生涯看遍各種案例，不少人在股市火熱的時候進場勇敢追價，最後買在高點，遇上股市反轉成為空頭，股價下跌一路不回頭，有的人「受傷」休息幾年之後還能再戰，有的人從此就從股市「登出」了。

玩短線的人和長期存股的價值型投資者不同，價值型投資人知道長期股價會跟著基本面成長，所以會在股價修正時慢慢買進股票、慢慢累積股數，小跌小買、大跌大買，等到下個月

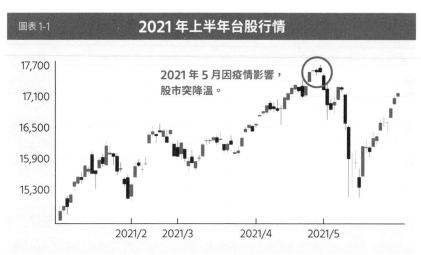

圖表 1-1　2021 年上半年台股行情

2021 年 5 月因疫情影響，
股市突降溫。

資料來源：CMoney 法人投資決策系統

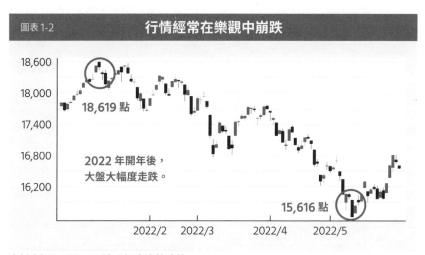

圖表 1-2　行情經常在樂觀中崩跌

18,619 點

2022 年開年後，
大盤大幅度走跌。

15,616 點

資料來源：CMoney 法人投資決策系統

薪水進到戶頭，或下一季股息進來之後，繼續存股，因為企業
經營成長茁壯需要時間，而價值型投資人財富的累積也需要時
間，如此一來，隨著股票部位持續累積，每年都可以多幾萬元、
甚至幾十萬元到百萬元的股息，直到被動收入超過薪水為止。

設定明確目標 找出存股最佳策略

　　近幾年我看到很多人加入存股行列，其中不少人在 2、3
年過後開始質疑：存股真的能致富嗎？本書的一開頭，我就和

圖表 1-3	善用時間複利累積資產		單位：萬元
年度	年底資產淨值	年度	年底資產淨值
1	13	11	278
2	28	12	324
3	45	13	377
4	64	14	435
5	85	15	501
6	109	16	575
7	136	17	657
8	165	18	749
9	199	19	853
10	236	20	968

說明：每年投入 12 萬元存股，以每年 12% 報酬率計算，20 年下來可累積的總金額。

✦ **華倫語錄** ✦

不少人在股市火熱時進場勇敢追價，遇上股市反轉，
有的人「受傷」休息幾年後還能再戰，有的人從此就
從股市「登出」了。

大家談到這些年來在股市「最常看到，也最不忍看到」的狀況，其實是想開宗明義和大家說，投資必須設定「目標」，才知道未來的路該怎麼走、如何達成目標。

如果大家也認同這樣的觀念，我會建議，目標時間千萬不要設定幾個月、幾年就想財富自由。我這些年來存股的最大感想就是「慢慢來才會快」，所以書名才會強調投資人應該要「慢步」股市，因為欲速則不達，投資人可以看看身邊親友，甚至是自己在股市「翻車」的案例，就能明白這個道理。

我自己設定的目標是，長期下來每年成長 12 ～ 15％ 左右（見圖表 1-3），希望存股若干年後，股息收入超過工作薪資收入，達到財富自由。投資人可以自己先行計算自己達成「長期目標」所需要的總金額，再設定一個長年期的目標，開始邁

向穩健的成功之路。

對於願意花長時間存股的價值投資人而言，他們投資會有明確目標，例如，希望存股 15 年之後，股息每年至少有 50 萬元以上。當然，每個人、每個家庭有不同的生活方式與願景，所以達成目標所需花費的時間與金額可能不同，但他們都有「提前退休不工作」的目標。

我在 2015 年出第 1 本書時，當時我的持股總市值是 2,300 萬元，2016 年出第 2 本書時這個金額就已超過 3,000 萬元，每年股息大約可領 140 萬元，那個學年度也是我最後一年流浪教師生涯。

掌握時間 以不變應萬變

在這邊我提供幾個思考面向，供讀者參考：

面向 ①：時間才是巴菲特最大武器

巴菲特從 10 幾歲開始投資，30 歲擁有 100 萬美元，到 90 歲已擁有 1,095 億美元，近幾年巴菲特被嘲笑跟不上時代潮流，沒有買到特斯拉或其他飆股，就像 2000 年前網路泡沫，

✦ 華倫語錄 ✦

慢慢來比較快，投資人應該要「慢步」股市，
因為欲速則不達。

被嘲笑沒有買網路股，但這無損巴菲特長期穩健且持續「驚人」的資產成長。

如果巴菲特像一般人，30 歲前都在探索世界和享受生活，甚至不存錢、當月光族，30 歲以後才開始想要投資，儘管每年資產以投資績效 20% 的驚人速度成長，然後在 60 歲退休並停止投資，他的資產也不太可能累積到 1,000 億美元，恐怕會比這個金額少了好幾個零。為什麼？因為這樣巴菲特累積資產的時間只有 30 年，而不是從 10 幾歲一路累積到現在 90 歲高齡。

這裡要強調的觀念是，巴菲特的專長是投資，而且是很少犯錯的投資，但是能累積這麼多財富的重要秘訣，其實叫做「時間」。巴菲特已經持續投資了 70 幾年，唯有讓資產年復一年不斷地成長下去，才能發揮複利效果，就好比你種一棵果樹，1 年看不出成果，但 10 年就能看到變化，20 ～ 30 年就

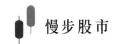

可以豐收,是同樣的道理。

　　即使過去幾十年來有不少投資人,能在某個短期時間打敗巴菲特的績效,但長期數十年的累積績效卻無法超越巴菲特,這才是巴菲特最了不起且值得大家學習的關鍵原因。

🔍 面向 ②:「不變」是存股最佳策略

　　與其分析鋼鐵、航運、面板⋯⋯各個產業的景氣榮枯循環,最簡單的策略其實就是「買進並持有」,以我自己為例,買進中華食(4205)已經超過 17 年,中華食不算是會飛天鑽地的厲害股票,當然更不是大家追逐的熱門產業與公司,然而,即使中間不斷有人酸言酸語地嘲諷,我可以「有耐心」地投資中華食 17 年、累積獲利 20 倍以上,就知道投資成功的關鍵不是要你選到多厲害的熱門公司,而是靠「時間」的長期複利累積。

　　反過來看,時下大多數分析師和投顧老師都聚焦在今天,甚至是下一個小時該做什麼,事實上,「今天」不怎麼重要,在你數十年的投資生涯當中,可能有些時刻市場會很瘋狂,你的朋友好像賺了很多錢,但長期下來你有看到他們生活的改變

圖表 1-4　中華食（4025）股價走勢

資料來源：CMoney 法人投資決策系統

嗎？他們財富自由了嗎？其實，「今天」不過占你整個投資生涯連 1% 都不到的時間，根本無關緊要，投資股票（存股）真正要緊的策略是「時間」！

　　投資人可以每個月定期定額買股票，無論景氣好壞，就算世界發生了大利空，經濟學家或你朋友大聲疾呼要你賣出股票，這都無關重要，你依舊繼續投資、繼續存股，就像巴菲特持有很多公司數十年如一日一般。

　　我過去 17 年也碰過金融海嘯、歐豬 5 國倒債、TRF 風暴、

✚ **華倫語錄** ✚

「今天」占你整個投資生涯連 1% 都不到的時間，
根本就無關緊要，存股真正要緊的策略是「時間」！

中美貿易戰爭、新冠疫情……在這些股市大利空來襲的時候，我都沒有賣出中華食、大統益（1232）、德麥（1264）、崑鼎（6803）、日友（8341）這些持有 7、8 年以上（甚至 10 幾年）的持股，還是維持原本的買股、存股紀律，才有今天累積的成果。

🔵 面向 ③：選股技巧沒想像中重要

在某些領域，你必須 100% 成功，比如說飛行員和外科手術醫生，否則可能發生人命關天的憾事。但在投資股票方面，投資人不用每一次都表現得非常完美，就像我過去 17 年的投資組合，上漲好幾倍的股票也是少數，不可能每一支都大漲。

巴菲特在 2013 年股東會上曾說，他這一生擁有 400 ～ 500 檔股票，其中只有 10 檔為他賺進絕大多數的財富，他的投資夥伴查理·蒙格（Charlie Munger）也附和道：「如果將波克夏少

數頂尖的投資案排除在外，投資績效就會顯得平凡無奇。」

　　因此，對於投資人來說，選股重點不是要你有神奇的能力，選出的每一檔都要是飆股，重點反而是「千萬不能犯大錯誤」。當人性貪婪與恐懼的時候最有可能犯錯，所以我誠心建議大家不要借錢和融資買股票，因為遇到大崩盤的時候，你的智商會只剩下三分之一，你會感受到巨大壓力，並且做出錯誤決定。

靠存股累積財富 心急就容易犯錯

　　巴菲特的波克夏控股公司是一個專業投資機構，我們要像巴菲特一樣挑選經營一流、股價表現也一流的公司，恐怕沒有那麼容易，不過，我們可以學習巴菲特面對大環境不佳時的從容態度與做法，在他多年的投資生涯當中一共經歷過 14 次經濟衰退，但他不會驚慌失措賣掉股票，也不會背負債務、借錢

✦ 華倫語錄 ✦

當人性貪婪與恐懼的時候最有可能犯錯，誠心建議
大家不要借錢和融資買股票。

投資。

這裡說個小故事，在數十年前，巴菲特和蒙格還有一位投資合作夥伴叫做瑞克‧蓋林（Rick Guerin），後來巴菲特曾經被記者問到，怎麼後來都沒看到蓋林了？巴菲特回答說：「蒙格和我知道總有一天，我們會變得非常富有，所以我們並不心急，蓋林和我們一樣聰明，可是他太心急了。」

因為蓋林借錢融資買股票，機遇不佳恰好碰上 1973 年景氣寒冬，蓋林被迫斷頭賣出股票，且被追繳保證金，於是他將波克夏股份以每股 40 美元的價錢賣給巴菲特，如今回頭一望，波克夏的股價已經超過 45 萬美元，是不是很令人扼腕？

投資最難的是，當眾人恐慌並且失去理智的時候，你必須把眼光放遠並且正常生活與投資（存股）。正是因為這樣的投資態度與策略，才能造就長期投資的成功果實。

✛ 華倫語錄 ✛

投資成功的關鍵不是要你選到多厲害的熱門公司，
而是靠「時間」的長期複利累積。

1分鐘重點學習

1. **價值型投資人操作要點**
   知道長期股價會跟著基本面成長,所以會在股價修正時慢慢買進股票、慢慢累積股數,小跌小買、大跌大買。

2. **設定目標**
   投資必須先設定「目標」,才會知道未來的路該怎麼走。時間不要設定幾個月、幾年就想財富自由,因為成功之路要慢慢走。

3. **遵守紀律**
   無論景氣好壞、大利空來襲,甚至經濟學家發出警報,記得處變不驚,維持存股紀律。

4. **掌握時間**
   存股成功的關鍵是時間,善用複利才能累積資產。

存股致富心法 2

3 面向思考
戒掉短線投資癮

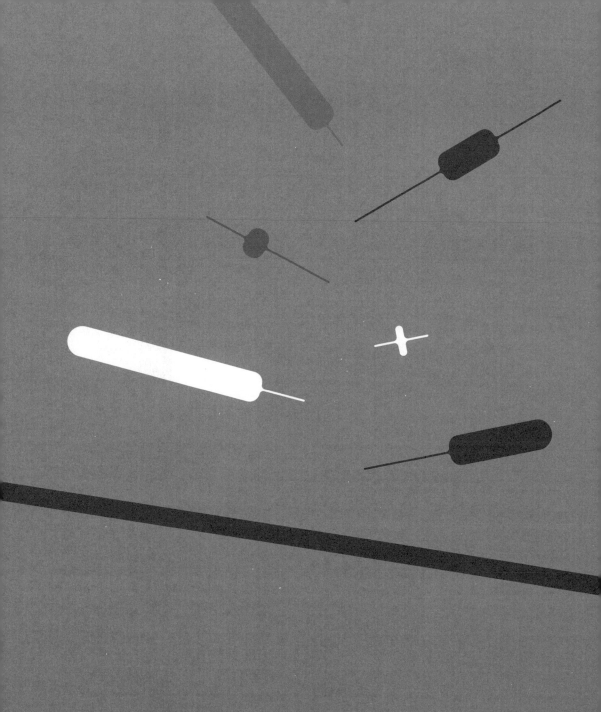

短線投資人通常沒有買進股票就是擁有一間企業的觀念，
因此無時無刻不被股價牽著鼻子走。

如果你在股市打滾超過 15 年，甚至更長時間，都還沒達到你設定的目標，有沒有想過自己可能是用錯方法？實行多年的投資方法與成果不如預期，你可能需要更改投資方式？

在華倫幫裡面，有許多同學分享自己與身邊親友的投資經驗，有的同學認真存股 4 年，感動了媽媽，讓她從短線改成存股，還有 1 位同學請他爸爸來上我的課，還是無法改變他喜歡短線操作的行為，但在這位同學存股 5、6 年之後，每年股票市值和股息收入不斷成長，優異的投資績效終於使他父母改觀，把資金給他幫忙投資。

不過，也有不同案例，有的同學「想要卻無法改變」爸爸做短線的習慣，有同學的朋友媽媽玩短線賠了一輩子，還將房子抵押，真的是賭性堅強。

至於我的親友呢？我的表妹看著我存股 15 年之後，開始學我，還介紹她的同事一起加入存股行列，但還是有些長輩習慣玩短線，畢竟已經玩一輩子了。我個人則是短線玩了 5、6 年，輸光大部分本金之後開始存股、慢慢累積，然後才慢慢發

財的，所以每個人領悟的時間不一樣，有些人寧願賠都不願意改，他們總認為存股致富是一件非常緩慢且遙不可及的事情。

短線求刺激 踏上不歸路

從我個人的經驗來看，想改變短線操作賠錢的命運，一開始可以建議對方長期投資存股，如果對方沒興趣的話，就不用再自討沒趣，不管是朋友還是親人，當你做出成績之後，他們自然就會問你了。

不過，還是有一部分的人就是喜歡玩短線尋求刺激，那也只好隨緣，市場上就是有這麼多短線的猶豫投資人，政府和券商才有證交稅與手續費可以收，如果所有人都和我們一樣存股，那政府和券商恐怕會倒閉，況且沒有這些短線資金進出，股價也就不太會高低波動，我們也買不到便宜的價錢了。

✦ 華倫語錄 ✦

有些人寧願賠都不願意改，他們總認為存股致富是一件非常緩慢且遙不可及的事情。

其實，做短線的人多半是盼著每天可以賺一點生活費，他們通常並沒有長遠的投資目標和計畫，焦點鎖定當下的強勢股和熱門股，一有上漲就賣掉，賺一點零用錢花花，漲太多害怕會崩盤，跌太多就睡不著覺。

短線投資人通常沒有買進股票就是擁有一間企業的觀念，因此無時無刻不被股價牽著鼻子走，被價錢綁架；反過來看，存股的價值投資人只是看市場上又有哪些人做了衝動決策，當短線投資人廉價打折出售好股票時，存股的投資人可以慢慢買進累積股數。

這邊有一個關鍵在於，當行情處於多頭牛市時，的確有可能每天賺一點錢，但是隨著市場越來越熱絡，短線客們會更大膽下注，直到有一天崩盤，很快就會輸光之前賺的生活費，因為他們不了解一家公司的基本面和未來展望，所以不可能將95%的資金放在股票資產。

投資不但要賺錢 還要長期都能賺

存股的價值型投資人要以長遠退休計劃做考量，由於現金

✦ 華倫語錄 ✦

短線投資人通常沒有買進股票就是擁有一間企業的
觀念，因此無時無刻不被股價牽著鼻子走。

放銀行無法抗通膨，所以必須讓每一塊錢都幫我們工作，也不會羨慕別人的股票每天都大漲。因為，短線投資人通常不會從頭抱到尾，比如說台積電（2330）從不到 40 元漲到 688 元，恐怕短線投資人在這期間買賣超過幾百次，每一次只賺一點點生活費而已，況且，他們通常不敢用 95% 的資金重押，也不會拿了好股票就放長線，所以很難真正達成財富自由的目標。

進入股票市場就是要賺錢，但是我認為有一句話比「要賺錢」更好，那就是「打造一個可以幫你長期穩穩賺錢的被動收入系統」，每個人都有無法工作或不想工作的時候，你要在這一天來臨之前，達成每個月有穩健現金流的目標，例如，每個月有 10 萬元以上的固定收入，這樣 1 年下來就是 120 萬元。

當一個家庭經濟的支柱沒有工作、沒有薪水，不知道下個月或明年的生活費在哪裡的時候，可以想見心理上的壓力會有

多大？我過去曾經當過好一陣子的流浪教師，每個星期從週一早上工作到週日晚上，最好的時候（當然也是最累的時候），1 個月薪水超過 15 萬元，但我還是沒有安全感，因為我不知道下個學年度，學校或補習班還有沒「代課缺」，就算我今年的年薪是 180 萬元，有可能明年的年薪只剩下 18 萬元。

這是不是就和投資人做短線一樣，就算這次福星高照可以賺個 30 萬元，下次還可以賺 30 萬元嗎？今年可以賺 30 萬元，明年會不會賠 30 萬元呢？更何況當你沒有工作、沒有薪水的

圖表 2-1　**短線操作者 很難靠台積電（2330）致富**

資料來源：CMoney 法人投資決策系統

✦ 華倫語錄 ✦

進入股票市場就是要賺錢，但是我認為有一句話比「要賺錢」更好，那就是「打造一個可以幫你長期穩穩賺錢的被動收入系統」。

時候，想要每一年都靠做短線賺 30 萬元辦得到嗎？就算每年都賺 30 萬元也不一定夠生活費吧？這樣壓力是不是很大？

當然，一定有不少短線投資人會說，股票漲起來賣掉，可以賺很多年的股息，然後等下跌再買回來就好。上面這段話也是我存股多年以來，最常被問到的熱門考古題之一，乍聽之下，好像有些道理，但其實幾乎不可能辦到，多數人是套在高點、賣在低點，當然也不太可能靠這招讓一個人財富自由。要印證這一點，只要問問你身邊短線操作的親友，他們財富自由了嗎？

股市練坐功 無須猜漲跌

歸根究柢，短線投資人與長線存股的價值型投資人有個最

大的差別，前者不認為股票長期會「一直上漲」，後者清楚知道股價的方向只有一個，那就是「一直上漲」，所以每逢跌回到合理價格就會一直買進。

做短線的人最不能相信的是「一直上漲」這個概念，他們認為台股1萬點就算高，我每次上節目都會被問到類似的問題：「8,000點」可以存股嗎？「萬點」可以存股嗎？「萬一」可以存股嗎？「萬二」可以存股嗎？「萬三」可以存股嗎？……如果你知道台灣加權指數在1966年只有100點，道瓊指數1896年只有40點，你就知道股市長期會一直上漲。

截至2022年8月17日收盤為止，美國道瓊指數為33,980點、台灣加權指數為15,465點，若將台股上市公司從2002年的配息都加回去，台灣的「發行量加權股價報酬指數」為31,971點。若從1966年台股的配息全部還原回去，現在台股可能已經超過4萬點了，100點到4萬點成長多少倍？由此可知，「長期投資」比預測短期股價漲跌、頻繁交易賺更多。

歐洲股神安德烈‧科斯托蘭尼（André Kostolany）在《一個投機者的告白》一書中說，要有耐心才能進入市場。

小辭典　發行量加權股價報酬指數

相較投資人熟悉的加權指數，加權報酬指數是將配股、配息加回去再投資（個股配發股票股利、現金股利後，會造成股價下跌），因此會比加權指數高，主要是用來衡量長期投資報酬變化。

「大家在證券交易所裡賺錢，不是靠頭腦，而是靠坐功，耐心是證券交易所裡最重要的東西，誰缺乏耐心，就不要靠近證券市場，投資股票賺的錢是痛苦錢，先有痛苦，然後才有錢，大多數投資者都缺乏在狂風暴雨中處之泰然的耐心與毅力，他們看到股票下跌，便立刻驚慌失措，我為證券市場列了一個獨一無二的數學公式『2×2 ＝ 5 － 1』，證券市場不是直接得到這個結果，而是繞了一圈。」

換句話說，就算你在 100 年前買進可口可樂股票持有至今，賺了 24 萬倍，可口可樂的股價也不會天天漲，有時候也會大跌 50%，你能忍受股價大跌所帶來的「痛苦」嗎？還記得 2020 年 3 月爆發新冠肺炎，股市從 12,118 點暴跌到 8,681 點（跌幅 28.36%），當時所有電視媒體和網友都覺得恐慌，並

勸大家要賣股票，只有我每天在臉書鼓勵大家要勇於買進。

就像我自己在 2008 年金融海嘯勇於買進存股那樣，因為我知道買進股票就是累積公司股權，當你買進台積電，你的財富就與張忠謀和劉德音綁在一起了，不要在乎短線股價漲跌，因為我們要存股，根本不會賣股票，所以股價下跌無須害怕。

好公司股票會一直上漲的原因其實也不難理解，首先，隨著時間過去，由於人類生活水準改善，公司會不斷生產更多產品、提供更多服務，產品價格會隨著通膨上漲（訂價權高的公司），整體公司營收和獲利就會增加，這些公司的價值會隨時間增加。

其次，接續上述公司價值隨著時間增加的邏輯，很多創業家都希望公司能越做越大、越來越強，也因為公司變大、營收獲利變強，股票就會一直上漲，這點在該產業的龍頭公司上顯得更為清晰。

簡單來說，存股無須理會總體經濟或預測，或是他人對股價走勢的預測，只要聚焦長期企業的價值，專注未來公司給存股投資人股息的多寡，然後在我們的能力圈範圍之內，買進擁

✛ 華倫語錄 ✛

買進股票就是累積公司股權，當你買進台積電，你的
財富就與張忠謀和劉德音綁在一起了，不要在乎短線
股價漲跌，因為我們要存股。

有護城河的公司並長期持有，如果再加上優秀的經營團隊，就
能夠幫存股投資人創造巨大財富。

3 面向思考 存股才是最終贏家

在這邊我提供幾個思考面向，讓還在做價差的讀者認清，
為什麼長期存股的人才能笑到最後。

🔍 面向 ①：和公司經營層比

投資人可以做的第一個動作，就是和公司經營者比較。為
什麼呢？因為存股投資人看的是每年與長期可以領到的股息，
股息是所有公司經營的成果，如果大多數人做價差比領股息還
要多，這些短線交易賺取價差的人都能財富自由，為什麼創業
家還要創業？

╋ **華倫語錄** ╋

如果賺價差可以財富自由，那絕大多數人應該不用工作、不用上班。

　　德麥（1264）總經理吳文欽的家族持股，在公開資訊上可看到持有德麥近 6.5 萬張股票，吳總曾在股東會上表示，「我持有德麥的股票比你們多很多，你們愛錢，我也愛錢，我當然會好好經營公司，讓公司不斷成長。」

　　可以理解，如此一來德麥投資人的股息才領得多，如果像很多人的誤解以為賺價差比領股息好賺，那德麥總經理為什麼不去賺價差，而是長期領股息？其他像是張忠謀、劉德音、郭台銘、比爾·蓋茲、貝佐斯等知名企業家，為什麼要這麼辛苦經營公司？

　　同樣的道理，你的同事為什麼要這麼努力工作領薪水？如果賺價差可以財富自由，那絕大多數人應該不用工作、不用上班，靠賺價差就行了。但事實上並非如此，大多數人都在努力工作，這才是真實世界運行的道理，投資人想要靠賺價差勝過

領股息，就算短期總有幾次會成功，但是幾十年長期下來幾乎是不可能的任務。

◉ 面向 ②：和主力大戶比

不少人看到手上股票有價差出現，就忍不住想要賣掉，如此一來可以賺好多年的股息，根本不用存股。長期來看這樣到底能不能累積財富呢？其實，所有人買賣股票，都要繳證交稅和手續費，所以「一定賺」的是政府和券商，長期來說，外資

圖表 2-2　**近 10 年政府證交稅收入**　　單位：億元

資料來源：財政部統計處

說明：2021 年首度突破 2 千億元，年增幅達 82.8%，主要是因為股市交易熱絡，帶動成交量。

和主力大戶也會賺，請問大家：政府抽稅，營業員領薪水，還有外資和主力大戶，他們賺的錢從哪裡來？

答案當然就是市場上想法比較「單純」的小散戶，因為他們嚐了幾次小甜頭，就異想天開認為永遠會是如此。大家有聽過「養、套、殺」吧，天真的小散戶做短線，想要長期勝過主力大戶幾乎是不可能的任務，主力大戶就是要來股市裡賺錢的，怎麼可能讓小散戶贏？

此外，全台灣券商營業員每個月的薪水和年終獎金，也都是從大家的交易中取得，營業員的技術分析能力、取得消息的能力、甚至分析股票的能力不會輸給你，但是為什麼多數營業員都沒有財富自由？為什麼營業員做短線常常賠錢？

根據我進入股市超過 20 年所見所聞，通常越年輕的營業員越會玩短線當沖，年紀越長的營業員都沒在玩，因為他們大概都輸怕了，回頭想想還是當莊家比較好，抽手續費這門生意才能穩穩賺，每個月還是乖乖領薪水就好。

我認識很多券商高階主管和分公司主管，他們很多也都在存股，他們已經試過做短線，也發現不可行，但是他們不會把

✚ **華倫語錄** ✚

天真的小散戶做短線，想要長期勝過主力大戶幾乎
是不可能的任務。

這個祕密告訴他們的客戶，因為客戶要頻繁地下單交易，他們才能夠賺更多錢。

🔍 面向 ③：短線和長線比

說說我自己的存股經驗，2004 年我在 15 元左右的價位買進中華食（4205），2005 年中華食配息 0.5 元，漲到 18 元之後，我繼續再加碼，但是很多人和我做相反的動作，他們在 18 元賣出中華食，因為賺了 3 元價差已經是 6 年的股利了，所以他們認為賺價差比領股息還要好，只有我是「笨蛋」，18 元還繼續再加碼。

物換星移，就這樣經過 17 年，中華食配股配息了 17 年，2021 年股價已破百元，當初用 18 元賣給我的投資人，認為賺 3 元已經是賺了 6 年的股息，卻沒有預料到長期下來會是這樣的結果。

我的親身實例，剛好可以讓投資人想想，短線和長線來比較，到底會是什麼樣的結果？投資人應該都不難看出這當中的差異了。

也許有些短線投資人會反駁，當初 18 元賣出中華食的人，之後可能又去買別的股票，又賺到了好幾年股息的價差，然後成為做價差的常勝軍，都沒有賠錢的紀錄。

圖表 2-3			買進 1 張中華食（4205）累計股息					單位：元	
年度	配息	配股	配股後股息	配股後張數	年度	配息	配股	配股後配息	配股後張數
2004	1.2	0	1.2		2014	1.5	0	1.978	
2005	0.5	0.9	0.5	1.09	2015	2	0	2.637	
2006	1.5	0	1.635		2016	1.5	1.1	1.978	1.464
2007	1.5	0	1.635		2017	3	0	4.391	
2008	1.5	0	1.635		2018	2.8	0	4.099	
2009	1	1	1.09	1.199	2019	3	0	4.391	
2010	2	0	2.398		2020	2	1	2.927	1.61
2011	2	0	2.398		2021	3	0	4.831	
2012	1	1	1.199	1.318					
2013	2	0	2.637		合計			43.564	1.61

說明：以 2004 年買進 1 張中華食為例，17 年後可以領到 43.56 元現金股息（小數點第 2 位後省略），當時 15 元買進 1 張中華食股票，早已經完全回收投資成本，經過多年配股成為 1.61 張，未來可以再領一輩子股息甚至當傳家寶。

✦ 華倫語錄 ✦

在股票市場請大家到處瞧瞧，看看你的同事、朋友或
路人甲乙丙，看了半天，如果你還不知道誰是冤大頭，
那你可能就是那個被收割的冤大頭。

如果真的是這樣，那我只好承認他是股神，但大家千萬
要認真想想，這樣的股神你看過幾個？你可不可能成為這樣
的人？

自己選的存股 要能說出過人之處

我認為比較可能的發展是，那位賣 18 元中華食給我的人，
賺了多次之後，在 800 元買進某檔高價股，後來跌到 500 元，
他才自我安慰說是在存股（其實是在住套房），而且這樣的狀
況不會是特例！

一般人都是只賺一點生活費就很開心，等到套牢很深就開
始聲稱是在「存股」，這些人在市場火熱的時候過度追高，市
場下跌的時候又悲觀過頭殺在低檔，在股票市場，毫無章法可

言，賺了很多次小錢，卻在1、2次賠大錢之後，就「登出」台股了。

投資人和公司老闆、主力大戶比過之後，再用短期與長期的角度比較看看，就會發現，選擇好公司並且保持長期持有的信心，才會是股市常勝軍。

至於什麼是好公司？有消費特許權、有護城河、有訂價權與漲價能力的公司，就是不錯的存股選擇。對於自己的存股標的，投資人一定要能夠說出這間公司的過人之處，有了這個信念，你就會有長期持股的信心，不怕股價震盪，也才不會被外在的訊息與雜音所干擾。

傳奇基金經理人彼得‧林區（Peter Lynch）曾經說過，當你玩撲克牌的時候，請向四周瞧瞧，如果你玩了半天還不知道誰是冤大頭，那表示你就是那個冤大頭。

同樣的道理，在股票市場也請大家到處瞧瞧，看看你的同事、朋友或路人甲乙丙，看了半天，如果你還不知道誰是冤大頭，那你可能就是那個被收割的冤大頭。切記，千萬別當這種人！

1 分鐘重點學習

1. 長短線投資者差異
短線投資與長線存股投資人最大的差別就是，一個不認為股票長期會「一直上漲」，另一個卻認為股價的方向只有一個，那就是「一直上漲」。

2. 打造被動收入
打造一個可以幫你長期賺錢的被動收入系統，不怕可能失業的心理壓力，還能提早為退休計劃做準備。

3. 練坐功
存股要有耐心，慢慢累積好公司的股權，無須理會總體經濟變化和短線漲跌，只要聚焦長期企業的價值，專注未來公司給存股投資人股息的多寡。

4. 認清失敗因子
短線價差者可以思考 3 個面向：和公司經營層比、和主力大戶比、短線和長線比，就能知道為什麼長期存股者才是最後贏家。

存股致富心法 3

存慢飆成長股
財富累積先慢後快

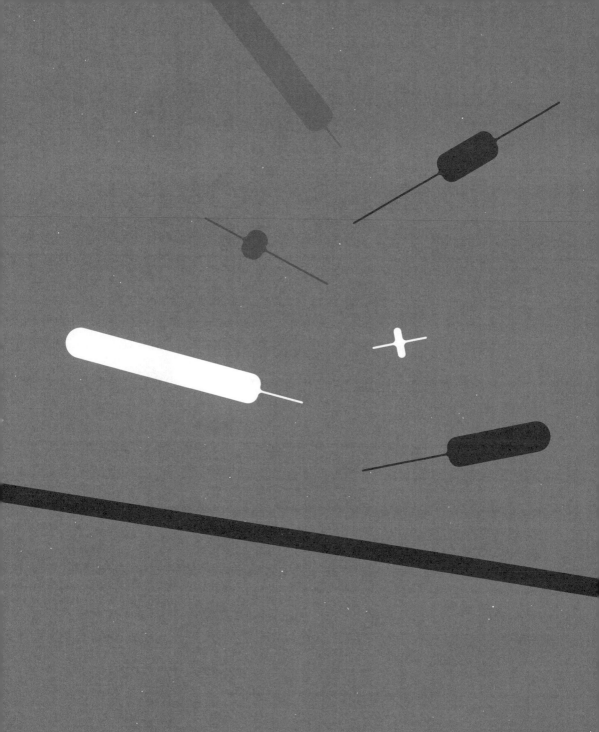

長期存好股票，讓資產慢慢放大增值，
是存股的最高指導策略。

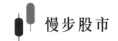

股票市場常常流傳著一段話：「好的老師帶你上天堂，壞的老師讓你住套房。」投資人與其整天聽明牌殺進殺出，不如打定存股「不動如山」的決心，長期下來財富自然會滾滾而來。

前一段時間我看到一則新聞，內容是說有投顧老師涉嫌在某財經新聞台的節目上分析、推薦多檔特定個股的利多消息，再和股市作手合謀，吸引散戶追高買進，藉此方式套利高達數千萬元。

他們是怎麼辦到的呢？簡單來說，他們「事先掌握」投顧老師將在隔天節目推薦特定個股的消息，於直播節目開播前一個交易日，群組成員提早大量買入股票，先拉抬股價，待節目開播，再與其他群組成員，配合虛掛「漲停價」委買單，拉抬個股的試搓行情，吸引誤信個股走強的散戶追高買入，群組成員則趁機下車倒貨套利，坑殺散戶。

把股市當賭場 不到 5% 能贏錢

看到這裡，投資人應該不難理解，所謂盤前的「試搓

價」，其實不用太在意。更重要的是，不管是誰推薦你股票明牌，請選擇你懂的、你喜歡的、你有感覺的、在你能力圈之內的股票買進和投資，千萬不要亂買，因為，亂買股票其實就像是在賭博。

全世界的賭場幾乎是穩賺不賠的生意，其中賭客勝率最高的是老虎機，但贏錢的機率也只有 5% 左右，這已經不是十賭九輸了，根本就是平均賭 20 次才能夠贏那麼 1 次，這竟然還是勝率最高的。

另外，所有賭博遊戲中勝率最低的就是 21 點，因為你有可能叫牌叫到「爆掉」，莊家什麼事情都不做，就能輕鬆贏走你的鈔票，而且就算你偶爾贏錢，但時間久了，玩的時間越長，你輸的錢通常就會越多。

如果說了這麼多，你還是想要去賭場賭錢，拉也拉不住，那麼，我還是苦口婆心地建議你準備好「有限的錢」去輸一輸就好，千萬不要賭上身家，更不要融資借錢去賭博。

為什麼特別談到賭場呢？一般人都以為只有澳門、新加坡、美國有賭場，其實全世界大部分的國家都有賭場，當然台

慢步股市

灣也不例外，那就是我們政府開的「股市大賭場」，還有各大券商、投信、投顧發行各式各樣的衍生性金融商品、期貨、選擇權、ETN（指數投資證券）……甚至祭出「當沖降稅」政策，吸引賭客進場搏一搏。

通常在股市玩得越久、輸得越多，但是政府用當沖手續費打折，讓你不知不覺違約交割，就好像叫牌叫到爆掉一樣，但是莊家一定贏、券商一定贏，偏好玩短線的賭客只有不到5%的人能贏錢，很多短線當沖者終其一生都沒贏，恐怕只剩下少數倖存者而已。所以，提醒投資人千萬不要把股票市場當成賭場，把自己當成賭徒，否則你玩股票的時間越久，恐怕就會輸得越多。

在股市聽明牌、玩短線，長期下來通常都會變成輸家。那

✦ 華倫語錄 ✦

不管是誰推薦你股票明牌，請選擇你懂的、你喜歡的、
你有感覺的，在能力圈內投資，千萬不要亂買，因為，
亂買股票其實就像是在賭博。

麼，想要成為股市長期的贏家，應該怎麼做呢？這邊提供幾個面向供讀者思考。

投資護國神山 誰是最後贏家？

2022 年 4、5 月時台灣疫情嚴重，聽到很多朋友跟我說要停損，甚至還聽說有人是「停損」護國神山——台積電（2330），但像台積電這類的長線績優公司，在股價下跌的過程中，應該是要找買點或加碼，而不是賣出或停損！大家看看下面的故事就知道了。

27 年前（1995 年），前國安局上校出納組長劉冠軍侵占公款 1.9 億元，用 50 元的股價買進了 100 張台積電股票，持有至今，可以用「賺翻了」來形容，若加計過去 27 年的配股配息，到 2022 年時台積電的市值已破兆元，與過去不可同日而語。

但過去 27 年台積電的股價表現並非一帆風順，劉冠軍在 1995 年以 50 元買進台積電之後，在 2000 年千禧年前夕，台積電的股價衝到 222 元天價，但隨後發生網路科技泡沫，

2001 年 9 月台積電跌到 43.6 元，隨後台積電股價進入漫長的盤整期，從 2001 年到 2008 年之間的 6、7 年時間裡，台積電的股價都在 50 ～ 60 元之間。

然後在 2008 年發生了全球金融海嘯，同年 10 月，台積電股跌到上市以來最低價 36.4 元，接下來的 5、6 年，台積電漲中帶跌、跌中也會繼續上漲，直到 2013 年，台積電股價才破百元大關，在 2022 年 1 月時，台積電盤中一度創下 688 元歷史最高價。

大家可以想想上述畫面，如果是你在 1995 年買進台積電之後，這 27 年之間你會做什麼操作？你心裡會有多少起伏？從 50 元漲到 222 元，又掉到到 43.6 元，再到 36.4 元、100 元、600 元、500 元……但由於劉冠軍逃亡海外，無法賣出股票，於是就變成最厲害的投資人，然而這是貪污所得，因此劉冠軍

✦ 華倫語錄 ✦

像台積電這類的長線績優公司，在股價下跌的過程中，應該是要找買點或加碼，而不是賣出或停損。

的資產應該會被充公，這樣就被政府「賺到了」。

投機賺不了錢 別買不懂的股票

以我自己來說，投資組合的長期股票市值和股息不斷成長，靠的不是低買高賣的「投機生意」，「做價差」並不是我的本業，我做的是「投資生意」，買進並長期持有具龐大護城河的「消費性壟斷事業」（Consumer Monopolies），這當然包括前述案例台積電，該公司全球晶圓代工市占率高達 50% 以上，13 奈米以下先進製程市占率更逼近 90%，這不是壟斷市場？請問什麼才是？

所以我的投資策略很簡單，就是股票跌得更便宜的時候買

小辭典　消費性壟斷事業

長期營運健康、具有穩健財務結構的企業，這類公司的產品及服務，通常有較強的獨占性，受到巴菲特青睞，他經常以護城河的概念形容，消費者想要渡河進入城堡，唯有經過一座需要收費的橋，這座橋就像是一家具有壟斷優勢的企業。

進，而不是賣出停損，價值投資者看的是公司價值，而不是股價變化。

舉例來說，如果你今天買了一個名牌包包，花了 10 萬元，不料第 2 天，這個名牌包專櫃店家出價 8 萬元，要再賣你第 2 個包的時候，如果你手上有錢、又崇尚名牌，應該會再買一個包包才對。

有趣的來了，過了一陣子，因為疫情關係，這個專櫃出價 5 萬元賤價求售這款包包，這時候你是要把之前分別以 10 萬元和 8 萬元買的同一款包包，用 5 萬元賤價賣給你朋友「停損」，還是開心地再從口袋掏出 5 萬元，趁名牌包「打對折」時再買進第 3 個包包呢？

市場每天無時無刻都會報出一個價錢，要買進你的股權或是賣出股權給你，這時候如果你看到好公司股票價格越來便宜，應該是要買進，而不是賣出。想一想，如果你在台積電 500 元時買進，過了一陣子，有人要用 450 元買你的台積電，你選擇「停損」賣出，而不是繼續買進更便宜的台積電，會出現這種狀況，表示你不了解手上持股的價值所在，所以你會害怕。

✦ 華倫語錄 ✦

買進你不懂的股票，每天看到電視、媒體、網路成
千上百的資訊，你就崩潰了，如何長期投資呀？

既然不知道手上股票的價值如何，其實，打從一開始你就不該買進這檔股票，否則當你願意用 500 元買進一檔股票，為什麼出現 450 元更便宜的價錢卻不繼續買進呢？你說怕會再跌到 400 元，但是巴菲特告訴你要忽略短期股價變化，而且要長期持有，不是嗎？為什麼你聽你的同事朋友的話，而不願意聽巴菲特的話呢？

要如何判斷自己了解並且相信一檔股票的價值呢？如巴菲特所說，投資人可以自問，如果你不想擁有一檔股票 10 年，那麼 10 分鐘都不要擁有，這就是長期存股的價值型投資人應該要有的持股態度。

順便提醒，如果持股出現長期競爭力問題，就像車子開到半路拋錨一樣，投資人還是要下車，不過，如果只是股價暫時性受到外在環境因素影響而下跌，長期還是會回到成長軌道，

那就不用擔心，所以這又回到存股的問題了，一定要買你懂的、能理解的股票，如果買進你不懂的股票，每天看到電視、媒體、網路成千上百的資訊，你就崩潰了，如何長期投資呀？

逢低買進或賣出 往往是一念之差

不追逐市場熱門標的，而是鎖定自己心目中的成長股、定存股等好股，一步步達到長期存好股、讓資產市值慢慢放大、股息越累積越高的目標。在長期存股的過程當中，道路絕對不會是平坦順遂，這時候存股的投資人必須記住另一個關鍵，那就是「不預測股價漲跌」，抱好抱滿等待長期增值就對了。

舉例來說，全球高科技龍頭股之一的微軟（Microsoft），被公認是世界上最頂尖的績優股代表之一，雖然微軟股價在 1999 年底見到高點之後，開始碰到 2000 年科技網路泡沫，之後花了將近 15 年的漫長時間，一直到了 2015 年股價才創下新高價，然而從 2015 年到 2021 年這段時間，微軟股價又大漲 3 倍，緊接著蘋果（Apple），在這段期間一舉躍升成為市值破兆美元以上的巨人企業，市值規模已經富可敵國。

我們的護國神山台積電也是如此，不只台積電，大部分台股的長期獲利和股價成長幅度都是慢慢向上的，看看這些股票配息配股還原後的 K 線圖，就可以感受長期持有和複利驚人的威力。

再以我個人的持股鮮活果汁 -KY（1256）為例，這檔股票在 2014 年 7 月漲到 429 元，接下來一路跌到 2016 年 7 月的 100 元（見圖表 3-1），中間有經過 2 次配股 4 元和 1 元。接下來從線圖來看，就算你在 2014 年買到最高價，經過了 7 年也能獲利，當你在 2019 年底「解套」之後，鮮活到 2021 年中又漲了快 1.5 倍（見圖表 3-2）。

雖然鮮活 -KY 在 2022 年受到中國清零政策影響消費，公司獲利和股價都滑落不少，就如同台積電也曾因為大環境不佳，從 220 元跌到 36.4 元一樣，但公司本身競爭力並沒有下

慢步股市

圖表 3-1　鮮活果汁-KY（1256）股價 3 年內大起大落

429 元

鮮活股價在 2 年內大跌逾 300 元。

100 元

資料來源：CMoney 法人投資決策系統

圖表 3-2　鮮活果汁-KY（1256）2019 年底拉出一波反彈

鮮活 2019 年 12 月收 220 元，到
2021 年 7 月觸及 514 元的高點，
漲幅接近 1.5 倍。

514 元

220 元

資料來源：CMoney 法人投資決策系統

滑，等到外在不利環境消失，疫情結束之後，公司就會恢復成長了，好公司遇到倒楣事，選擇逢低逆勢投資加碼或停損賣出，往往只是一念之差。

做好投資組合，選擇你理解的產業和公司，長期累積股數和持有，股價越便宜，同一筆金額的錢能累積更多股數，「累積股數」和「長期持有」在存股這條路上同等重要。

存成長股 資本利得、股息兩頭賺

常常有投資人問我，對於存股族來說，股票資產的市值重要嗎？股利重要嗎？究竟是股票市值比較重要，還是股利比較重要呢？

大家可以先想想自己存股的目的是什麼？我想不外乎就是一件事：有朝一日每年領的股息超過自己的年薪，也就是被動收入高於主動收入，不用再朝九晚五努力工作，達成財富自由。

以上述的角度來看，股息似乎比持股的市值重要，但是，真的是這樣嗎？

我舉一個實際的例子給大家想一想，有 A、B 兩家公司在

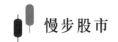

2014 年時的股價都是 57 元，A 公司配息 2 元，換算殖利率
3.5%，B 公司配息 3.75 元，換算殖利率 6.6% 左右，我們各買
進 1 張持股。

到了 2016 年，A 公司的股價大約 140 元，同時期 B 公司
的股價大約 70 元，A 公司當年配息 3.5 元、殖利率 2.5%，B
公司配息 3.75 元、殖利率 5.4%，我們再度分別買進 1 張持股。

到了 2021 年，A 公司的股價大約 210 元，合計手中 2 張
持股市值約 42 萬元，B 公司的股價大約 64 元，合計 2 張股
票市值約 12 萬 8,000 元。

雖然持有 A 公司股票的市值比 B 公司高，但是明顯股息
殖利率比較低，先前提到投資股票就是要賺股息，也就是被動
收入現金流，所以投資人就不應該買進殖利率較低的 A 公司
股票？

圖表 3-3	A、B 公司 2014 ～ 2021 年股息							單位：元
年度配息	2014	2015	2016	2017	2018	2019	2020	2021	合計
A 公司	2	2.2	3.5	4.5	6	6.5	8	8.2	40.9
B 公司	3.75	3.75	3.75	3.75	3.75	3.75	3.25	3.25	29

＋ 華倫語錄 ＋

大家要討論「股票市值」重要還是「股息」重要？
其實是沒有意義的，因為兩者本就是一體的。

　　有趣的來了，圖表3-3是從2014年算到2021年的總股息，
當中可以發現，雖然一開始 B 公司的配息與殖利率都比較高，
但是因為 A 公司是成長股，經過8年時間，不只股價大幅成長，
配息也逐年增加，8 年下來 A 公司總股息 40.9 元，已經明顯
勝過 B 公司累計的 29 元。

　　上面提到是 A 公司是日友（8341）、B 公司是遠傳
（4904）。大家要討論「股票市值」重要還是「股息」重要？
其實是沒有意義的，因為兩者本就是一體的。唯一的差別在
於，股票市值成長通常是股息的先行指標，成長股一開始的股
息比較少，但是如果把時間拉長到 7、8 年以上，成長股的總
股息並不會比較少。

　　這裡要特別強調，成長股並不等於熱門股，我絕對不是鼓
勵大家去買飆股和熱門股，像是 2021 年很熱門的鋼鐵股、航

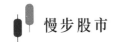

運股、口罩股和面板股，這幾個產業是屬於景氣循環股，獲利極度不穩定，並不適合作為長期存股標的，至少我是不會碰這種股票。

方法對了 存股之路才能走到底

既然不建議買進熱門股票，究竟該選擇什麼樣的股票呢？我存股只選擇較不受景氣影響，市占率高、具有護城河的「消費性壟斷事業」，像是前面提到的 A 公司（成長股）或 B 公司（定存股），至於獲利極度不穩定的景氣循環股，它們的本益比和殖利率都沒有太大參考意義，並不適合存股。

成長股雖然短期殖利率比較低，但是通常具有較高的本益比，股價比較會上漲，然而，買進成長股也有可能碰到風險，一旦這類公司成長率趨緩，原本的高本益比就會被市場下修，

✛ 華倫語錄 ✛

長期存好股票，讓資產慢慢放大增值，是存股的最
高指導策略。

有時甚至不是因為公司成長趨緩，只是單純因為股價漲太多，就可能會面臨好一段時間的股價盤整或修正情況。

　　以我存股的過來人經驗來看，初期是成長股占的比重比較高，因此整體的殖利率比較低，但好處是整體市值成長相當快。

　　早期我日以繼夜工作，工作收入高，日常生活花費都沒問題，後來因為少子化，我在學校代課的缺減少、補習班也一直減班，工作不穩定，在收入變少的情況下，我開始加碼高殖利率股，買了中保（9917）、崑鼎（6803）、大統益（1232）、德麥（1264）、可寧衛（8422）、一零四（3130）、電信股等股票，後來年領股息超過 120 萬元。

　　我也同時布局一些股價波動大的成長股，如台股中的日友、台積電、鮮活果汁 -KY、寶雅（5904）、大學光（3218），以及美國高科技龍頭股，如微軟、蘋果、輝達、特斯拉等。

　　長期存好股票，讓資產慢慢放大增值，是存股的最高指導策略。至於如何建立投資組合，還是要針對個人年齡、工作狀況、資金水位、股價波動忍受度等個人不同狀況，找到最適合自己的投資組合，投資人可以先求市值成長（成長股比重較

高），之後再換成高股息股票（定存股比重較高），當然也可以先求高股息，之後再買進成長股，雖然優先順序不一樣，但是，走到最後都同樣是抵達財富自由的終點站。

這是一段不算短的路程，投資人必須能夠堅持走下去，所以，一定要選擇自己最舒服的方式，打造屬於自己的投資組合。

 1 分鐘重點學習

1. 逢賭必輸
亂買股票就像是在賭博，最贏的總是莊家，勿聽明牌、玩短線，遵循長線信念才能成為贏家。

2. 不懂的別碰
一定要買你懂的、能理解的股票，不追逐市場熱門標的，而是鎖定自己心目中的成長股、定存股等好股。

3. 不預設漲跌
長期存股的過程不會平坦順遂，投資人必須謹記「不預測股價漲跌」，若股價暫時受到外在環境因素影響而下跌，長期還是會回到成長軌道。

4. 適合自己的策略
如何建立投資組合，還是要針對個人年齡、工作狀況、資金水位、股價波動忍受度等個人不同狀況，找到最適合自己的投資組合。

NOTE

存股致富心法 4

歡迎股災來臨
低點買進才是贏家

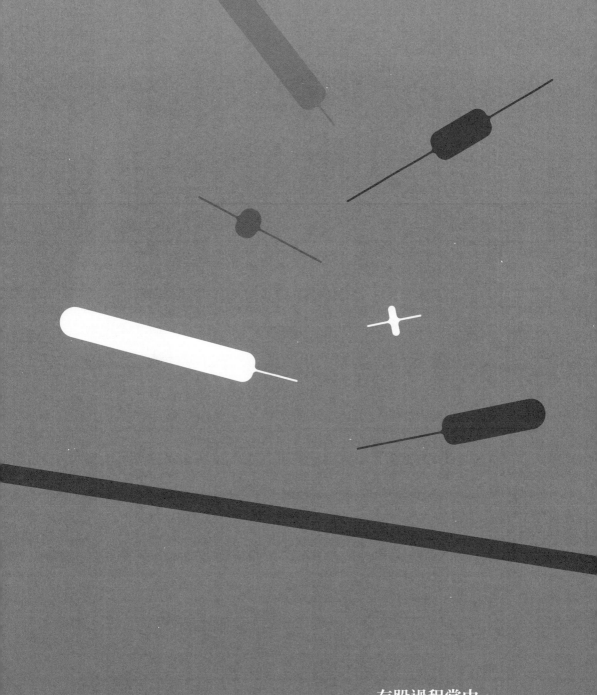

存股過程當中，
遇到短期下跌的時候只有一個字，
就是「買」。

許多投資人看到自己投資組合的帳面數字由紅翻黑，經常會忍不住早早「停損」來降低損失，但對於長線投資的存股者來說，其實要學習「歡迎」股災來臨，能趁低點買進的人，未來才會是真正的大贏家。

曾有同學問我：「老師，我是 2020 年 2 月加入存股的，近 2 年獲利頻創新高，反而有點怕，怕之後跌了，帳上獲利變一場夢，現在股市真的很熱，身旁不玩股票的朋友都在談論股票，真的覺得之後股市會泡沫化，新聞也一直說股市短期多、長期空，我知道華倫老師不預測股市未來走向，只要公司沒問題就一直持有。

但我口袋沒老師深，怕現在不賣，股災來臨時錢不夠加碼，雖然很想和老師一樣認真存股，但是股價上漲讓人一直想賣，存不住，真是煎熬……」

這位同學提到她的資金沒有我多，然而，就是因為現在資金少，還沒有財富自由，才要學我的方法，學已經有成功經驗的投資人，將來才會成功。我 20 年前資金也很少，但是因為我存股 17 年，「車子」不故障不賣，所以現在資金才累積比

> ✦ 華倫語錄 ✦
>
> *存股是最賺錢的行業，越晚賣，賣的價錢越高，你*
> *想賣，我還一直在買喔。*

較多，如果過去 20 年我和別人一樣是做短線，就不會有現在的資金規模了。

因此，對於這位同學的煎熬與擔憂，我直接送她一段話：「存股是最賺錢的行業，越晚賣，賣的價錢越高，你想賣，我還一直在買喔。」

好公司買到底 不要和景氣一起循環

舉例來說，我在中華食（4205）股價 10 幾元的時候買，漲到 20 幾元時，我朋友怕跌回去，獲利變成一場空，於是 20 幾元賣出，我則在 20 幾元再加碼，同樣的，漲到 30 幾元，又有朋友怕跌回去，獲利變成一場空，於是 30 幾元賣出，我就在 30 幾元再加碼。

等到中華食漲到 40 幾元，我朋友受不了一直漲沒跟到行

情,於是 40 幾元買回來,漲到 50 幾元,朋友再次陷入獲利變成紙上富貴的恐懼,在他賣出股票時,我在 50 幾元再度加碼,接著 60 幾元、70 幾元⋯⋯同樣的事一再發生。

這時候,我朋友和電視名嘴都說中華食股價 70 幾元創新高太貴了,不適合拿來存股,但是我怎麼會聽他們的話呢?這不是因為我比較了不起,不用聽好的建議,而是因為我只聽股神華倫・巴菲特的話,遇到好公司就買進,於是我 70 幾元、80 幾元繼續加碼中華食,這就叫做存股!

我之所以可以這麼篤定持續加碼,是因為我知道我不是買景氣循環股,我買的股票是可以永續成長的公司,而不是鋼鐵、航運、面板、DRAM 那類景氣循環股。

渡過「世界末日」 指數不停漲

這裡再和大家分享一個實例,其實,股市每隔幾年就會遇上一些「貌似世界末日」的事件,當然發生這些負面大事件並非我們所樂見,只是從歷史經驗來看,不同的事件總是會以類似的面貌重複上演。

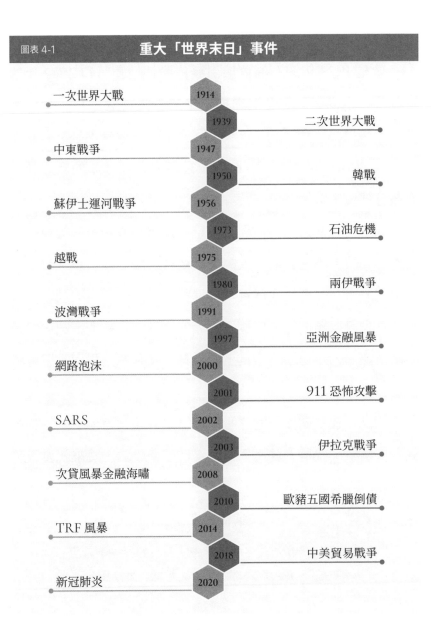

圖表 4-1　　　　　　重大「世界末日」事件

一次世界大戰　　　1914

　　　　　　　　　1939　　二次世界大戰

中東戰爭　　　　　1947

　　　　　　　　　1950　　韓戰

蘇伊士運河戰爭　　1956

　　　　　　　　　1973　　石油危機

越戰　　　　　　　1975

　　　　　　　　　1980　　兩伊戰爭

波灣戰爭　　　　　1991

　　　　　　　　　1997　　亞洲金融風暴

網路泡沫　　　　　2000

　　　　　　　　　2001　　911 恐怖攻擊

SARS　　　　　　　2002

　　　　　　　　　2003　　伊拉克戰爭

次貸風暴金融海嘯　2008

　　　　　　　　　2010　　歐豬五國希臘倒債

TRF 風暴　　　　　2014

　　　　　　　　　2018　　中美貿易戰爭

新冠肺炎　　　　　2020

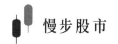

像是 1973 年的石油危機引發停滯性通膨（和 2022 年的高油價、俄烏戰爭引發的通膨是不是有些類似？）、1997 年亞洲金融風暴（和 2008 年次貸風暴金融海嘯是不是又有些相像？）、2003 年的 SARS 肺炎（是不是和這幾年的新冠肺炎有幾分類似？）。

大家可以想想一個問題，當這些像是世界末日般的負面大事件出現時，不僅對許多人的生活造成影響，對於事件發生所在地的股市，甚至是全球資本市場顯然也是一個重大利空，股市下跌是可以預期的，但是，請大家注意，「長期指數仍然是不斷上漲」，這句話才是真正的重點，而且好公司通常還會漲得更多。

因此，在長期投資的存股過程當中，遇到短期下跌的時候只有一個字，就是「買」，長期累積越多股數，將來就會賺越

+ **華倫語錄** +

我不聽朋友和電視名嘴的建議，我只聽股神華倫巴菲特的話，遇到好公司就買進，這就叫做存股。

圖表 4-2	道瓊指數歷史回顧				（漲幅以 10 年為單位）	
年度	1910	1920	1930	1940	1950	1960
道瓊指數	81.36	71.95	165	131	235	616
漲幅	－	-11.62%	129.32%	-20.61%	79.39%	162.13%
年度	1970	1980	1990	2000	2010	2022/10/31
道瓊指數	839	965	2,633	10,787	11,577	32,732
漲幅	36.20%	15.02%	172.85%	309.68%	7.32%	182.73%

說明：道瓊指數在 1896 年成立，當年底收盤僅 40.45 點，但長期來看仍是上漲趨勢。

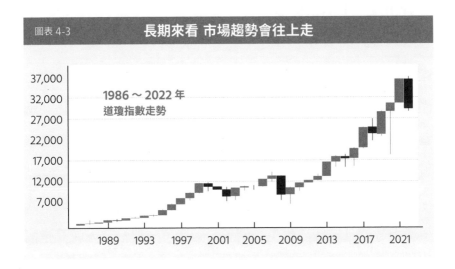

圖表 4-3　**長期來看 市場趨勢會往上走**

1986 ～ 2022 年
道瓊指數走勢

多。大家可以看看美國道瓊指數在過往百年以上的軌跡，就可以理解我為什麼要一再地強調「長期投資」這件事。

個股長線跑贏大盤 具備 2 特質

看到長期股市呈現不斷上漲的趨勢，投資人應該也會很好奇，個別股票也能夠像指數一樣長期上漲，甚至漲幅比指數還要來得大嗎？又到底是為什麼這些股票可以一直不斷上漲？我認為有 2 個主要理由：

🔍 理由 ①：具有訂價權

隨著時間過去，由於人類生活水準改善，一家企業會生產更多的產品，並提供更多服務，產品的價格會隨著通膨上漲，尤其是訂價權高的公司越明顯，整體公司營收和獲利就會跟著增加，這些公司的價值會隨著業績與獲利增加，也跟著水漲船高。

其實，長期來看指數會不斷向上成長，像前面提到的美國道瓊指數就是一個活生生的例子，因此，一般投資人就算是簡單地「定期定額」買指數 ETF，長期下來都可以賺到高報酬，但是，如果投資人想要有更快的複利績效，那麼，擁有消費特許權、護城河和訂價權（有漲價能力）的公司就是我們的存股首選。

✛ 華倫語錄 ✛

存股過程當中，遇到短期下跌的時候只有一個字，
就是「買」。

　　有些投資人可能會擔心，當股市很熱絡的時候，就算當下
大盤指數不是歷史最高點，也是在歷史相對高檔附近，許多股
票的股價也幾乎都在歷史高點，包括有強大護城河的公司，這
時候是不是該有「居高思危」的意識呢？

　　我要特別提醒投資人，對於有消費特許權、護城河和訂價
權的好公司來說，10 年後它們的股價還會更高，因為這些公
司具有「永續成長」的本錢，這也是我存股鎖定永續成長公司
的原因。雖然在某個特定期間，這些公司不會是漲幅最大的股
票，但就長期而言，卻是會慢慢成長的股票，如果 10 年後，
這些股票股價更高，現在買進就不算是「追高」。

　　反過來說，許多「景氣循環股」可能今年表現很好、股價
漲幅很大，但 10 年後再回頭過來看，恐怕未必能夠繼續創高
了。舉個簡單的類比，某 PC 大廠的董事長說：「今年個人電

腦的景氣很好」，但是請投資人想想看，你們有沒有聽過中華食的董事長談過「今年豆腐景氣好不好」，因為豆腐是民生必需、重複消費的產品，很難受到景氣波動影響，所以對於豆腐來說，景氣每天都很好！

　　這邊要特別說明，再厲害的投資人，也不可能每次都買在短期低點，即使是永續成長股也不例外，所以長期投資是有可能買在波段相對高點，但是，我們存股是用長線角度在看，因為買進的股票都是具有強大護城河、具有永續成長本錢的好公司，拉長時間來看，股票震盪後還是會「長期向上」，投資人不至於買到地雷，買進之後套牢個 8 年、10 年。

　　誠如股神巴菲特所說，投資人應該要把目光放在股票背後代表的企業身上，靠著股票長期增值才是投資者應有的作為，因為他認為投機者的績效永遠不可能超過投資者。這些話不是

✦ **華倫語錄** ✦

針對具有「永續成長」本錢的公司，如果 10 年後，
這些股票股價更高，那現在買進就不算是「追高」。

 小辭典　　**景氣循環股 vs 非景氣循環股**

> 景氣循環股是指隨著經濟週期循環，股價反應更加波動的股票，每個產業都有自己的生產和獲利時間，只是波動大小及時間長短的差異問題。典型的景氣循環股包括鋼鐵、水泥、塑化、營建、航運、金融產業等，分別受到供需變化及利率條件的影響，食品股則被認為是非景氣循環股，與生活必需品相關，股價較不容易受到景氣循環及經濟面的影響。

空口白話，大家可以去看看巴菲特的投資控股公司波克夏這些年來的表現，他的話已經歷超過 50 年的驗證，我們沒有理由不相信。

反之，如果你今天進入股市是帶著投機的心態，就像賭徒走進賭場，這種行為是相當危險的。對於投機者來說，他們只關注股價的起伏和變動，讓自己能從中獲利，每個賭徒都認為自己會贏，但往往事與願違，最後都落入「十賭九輸」的下場，唯一贏的那個人恐怕就是開賭場的莊家，對應在股市當中，也就是政府和券商，還有外資法人與大股東，這些人占的贏面比較大，抱著投機心態的人在股市很難贏。

🔍 理由 ②：優秀的經營團隊

許多創業家與經營團隊都希望公司能越做越大、越來越強，因為公司變大、營收獲利變強，股票就會一直上漲，這點在各個產業最強的龍頭公司身上尤其明顯。

當然，投資人對自己的存股標的一定要很有「感覺」，知道自己要長抱的公司有哪些和其他公司不同的特色與優勢，且這些優勢加上公司本身優秀的經營團隊，要足夠維持公司在該產業當中的龍頭與領先者的地位。

有了這樣的認識與想法之後，投資人才會有長期持股的信心，不怕股價震盪，不會被外在雜訊干擾。

總而言之，面對股災這類重大利空事件的投資心態很簡單，只要投資人手上持有的股票具有消費特許權、護城河和訂價權等特性，當股價出現不理性下跌的時候，反而是分批加碼

✛ 華倫語錄 ✛

賭徒通常都是落入「十賭九輸」的下場，唯一贏的那個人恐怕就是開賭場的莊家。

圖表 4-4	重大事件下的台灣加權指數			
年代	事件	指數高點	指數低點	跌幅（%）
1988	郭婉容事件課徵證所稅	8,789	5,615	-36.11
1990	實施證交稅 6%	12,682	2,560	-79.81
1995	中共試射飛彈	7,051	4,503	-36.14
1997	亞洲金融風暴	10,256	5,422	-47.13
2000	網路泡沫	10,393	3,411	-67.18
2003	SARS 疫情	4,633	4,044	-12.71
2008	次級房貸金融海嘯	9,859	3,955	-59.88
2011	歐債危機	9,007	6,609	-26.62
2015	中國 TRF 風暴	10,014	7,203	-28.07
2020	新冠肺炎疫情	12,197	8,523	-30.12

說明：加權指數遇到重大利空時出現短期波動，但長期仍是上漲趨勢。

買進的好時機，而不是跟著短線客恐慌性賣出。

價格漲太高 遇紅燈先暫停

　　除了股災之外，投資人在長期投資的道路上，一定也會遇到另一種狀況，那就是股票漲太多的時候，投資人應該如何應對呢？

　　我認為 1 檔股票漲太多，有可能反應到未來 1、2 年的業績時，會出現 2 種可能。第 1 種是這檔股票的股價會開始下跌

修正，以反應目前的基本面，這時候，等到股價下跌一段後，可以進場加碼，這個道理就如同前面所說，存股是一個長期過程，遇到短期下跌的時候就是「買」，長期累積越多股數，將來就會賺越多。

第 2 種是股價不跌，但是將進入一段為期很長的盤整時間，畢竟先前股價已經漲了一大段，休息一段時間也合理，等待公司基本面和獲利慢慢上來，那時股價因為有更好的基本面與獲利撐腰，價格也就不算高了。

舉例來說，如果某檔股票已經大漲 5 成，股價來到 100 元已經有點貴了，這時候我就不會買，但是一段時間後，當這家公司的獲利成長上來，當初的高股價以成長後的獲利來比較，已經不算高了，這時候我就會買進。

簡單來說，股價相較 EPS（每股盈餘）高於平均本益比太多的時候，如果投資人想要買的話，建議等股價跌下來一段，

✢ **華倫語錄** ✢

紅燈停（漲太多就先觀望），綠燈行（先買下跌的）。

或是耐心等待公司獲利跟上之後再買，這段期間可以先留意其他已經下跌或是盤整很久的股票，總之「就是紅燈停（漲太多就先觀望），綠燈行（先買下跌的），做好投資組合，打造自己的被動收入系統，等待持股輪流攻擊。」

 1 分鐘重點學習

1. **用長線角度看股災**
   當「世界末日」般的事件發生時，指數短期內難免出現波動，但長期仍是上漲趨勢，好公司通常還會漲得更多。遇到短期下跌就是買，長期累積越多股數，將來就會賺越多。

2. **個股跑贏大盤**
   績效優於大盤的公司具備 2 項特質，分別是掌握訂價權，以及背後具有優秀的經營團隊。

3. **選股停看聽**
   漲太高的股票先停下來觀望，等待公司獲利成長跟上再進場加碼，這段期間可以先留意其他已經下跌或是盤整很久的股票。

存股致富心法 5

存股耐心至上
拒當猶豫投資人

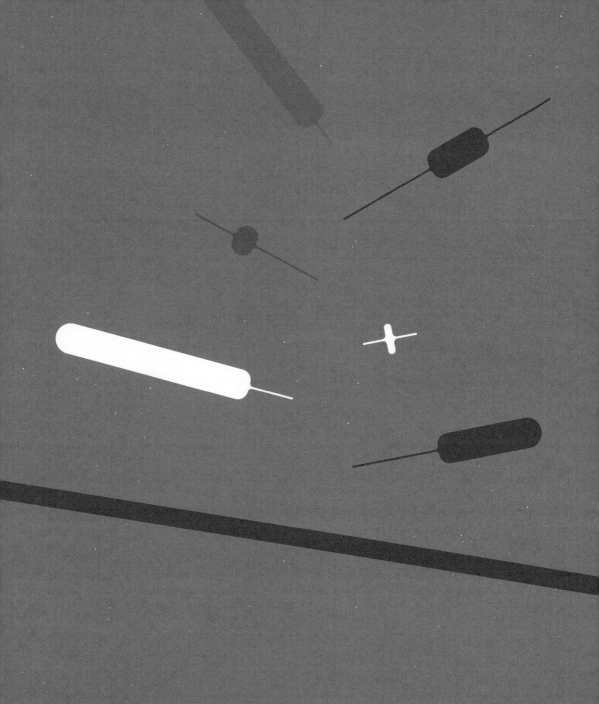

如果你投資的資金不是閒錢，你就會失去耐心；
如果是融資借貸的錢，那你更沒有耐心；
如果投資你沒有信心的股票，也會容易失去耐心。

　　過去我的書中較少談到存金融股，然而這幾年金融股是許多存股族鎖定的標的，所以在這裡也來聊聊我對金融股的看法，供投資人參考。

　　其實在華倫幫裡面，也有一些同學問我這個問題：「為什麼我的投資配置當中都沒有金融股，不持有金融股的原因是什麼呢？」我認為主要是金融股也算是景氣循環股，營運狀況會受到景氣變化及利率影響，再加上市場有非常多的投資人都存金融股，而我個人比較喜歡尚未被市場發現、董監持股高，且具有護城河的小型股。

　　這就像是有同學問我某某股票可不可以買，如果我還沒弄清楚這檔股票5年後的狀況，我就不會買，因為我對這檔股票的基本面還沒了解，就不可能有把握。由於金融股的財報複雜，獲利會受到不同因素影響，又是屬於景氣循環的股票，因

✦ **華倫語錄** ✦

如果我還沒弄清楚這檔股票5年後的狀況，我就不會買，
因為我對這檔股票的基本面還沒了解，就不可能有把握。

此不在我的投資配置當中。

金融股的營運表現會受到哪些因素影響呢？除了受到央行升息降息的政策影響，也會受到手上投資部位表現的影響。

景氣循環難預測 長期持有最重要

如果是在降息循環的時期，金融股的利差可能縮小，一般而言，對於金融股是負面影響。金融股因為手上投資的部位很大，會認列很多的投資損益，如果全球股市下跌，金融股投資部位的獲利也會衰退。

由於我不會知道 5 年後央行到底是會升息，還是降息，也不會知道 5 年後全球股市的漲跌，所以我沒有買金融股。反之，我比較喜歡不受景氣循環、央行升息降息政策等總體經濟面影響的股票，例如生技類股、環保類股、食品類股、電信類股等。

不過，投資金融股還是有優勢的，比如它不太可能會有倒閉的風險，很多銀行獲利穩健，殖利率非常高，股價也非常親民，非常適合小資族存股。如果長期持有金融股，也可以拿到不錯的報酬率，所以說「錢放銀行定存不如存金融股」，這是

正確的，但重點在於必須長期持有。

　　為什麼做好投資組合配置後，必須要長期持有呢？因為股價絕大多數的時間都在盤整，所以投資人最好像未經世事的10歲小朋友，每天吃好睡好，根本就不擔心股價的漲跌，等到多年以後回頭一看，就會看見豐碩的投資成果。

　　在存股投資的冗長期間內，投資人也需要有一些投資方面的心態與原則，才能以一貫之、堅持到底。就像投資大師安德烈・科斯托蘭尼（André Kostolany）所說：「固執的投資人需要耐心、想法、和一點運氣，否則會變成猶豫的投資人」，市場上猶豫的投資人最後都是輸家，因為猶豫的投資人每天都想知道為什麼會漲、為什麼會跌，而且企圖做短線交易。

✛ 華倫語錄 ✛

股價絕大多數的時間都在盤整，所以投資人最好像未經世事的10歲小朋友，每天吃好睡好，根本就不擔心股價的漲跌。

借錢壓力大 耐心＋策略才是關鍵

借錢投資會讓人做出錯誤的判斷，會產生更多負面情緒和壓力，反之，不融資借錢，而是用自有資金及閒錢來長期投資一家未來看好的事業，才可以「耐心」等待持股輪流上漲進攻。

投資人可以自己觀察看看一些好公司如台積電（2330）、中華食（4205）等現在的股價，對比它們 30 年前的股價，就會發現這些公司雖有短期波動，但長期還是不斷上漲的，接著再想想 30 年後，這些公司的股價可以發展到什麼程度？

巴菲特、蒙格、科斯托蘭尼等大師都是抱持類似的觀點，他們都是希望投資人買進股票之後，乾脆就去睡覺，不用理會短期的價格波動，因為投資成功最主要不是靠頭腦、也不是靠智商，而是靠耐心。

股市和星體運行不一樣，星球的運行有規律，但是股市沒有規律，對於股市而言，3 乘以 3 不會直接等於 9，股市會走一段曲折的彎路，上上下下，這時候「耐心」就是投資股票最重要的特質，如果你投資的資金不是閒錢，你就會失去耐心；如果是融資借貸的錢，那你更沒有耐心；如果投資你沒有信心

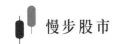

的股票,也會容易失去耐心。

此外,當你面對股票漲漲跌跌的過程中,你必須要有「策略」,如果你沒有策略,也會因為市場的風吹草動或者氣氛變化失去耐心。假設你目前手中持股只有 1 家公司,沒有任何其他股票,這樣所有的表現都單獨押在一檔股票上面,股價波動風險當然就會比持有數檔好公司的投資組合來得高。

科斯托蘭尼曾說:「逆向是成功的要素,在股票市場只有少數人能成功,關鍵在於與眾不同,這些人就是固執的投資者」。簡單來說,逆向投資可以理解成在好公司落難時,和那些拋售持股的人不同,我們果斷買進。

科斯托蘭尼在 1946 年(二戰結束後第 2 年)投資義大利的汽車股,義大利是二戰的軸心國,戰後經濟蕭條,但是他看

✚ 華倫語錄 ✚

如果你投資的資金不是閒錢,你就會失去耐心;如果是融資借貸的錢,那你更沒有耐心;如果投資你沒有信心的股票,也會容易失去耐心。

到世界和平的趨勢機率是高的，而且二戰主要戰場並不是在義
大利境內，因此義大利工廠損壞的程度較輕，復原的機率也就
高。果不其然，柯斯托蘭尼投資的汽車股後來出現倍數的可觀
漲幅。

股票不是彩券 運氣好壞靠心態

有了上述說明的投資心態與策略，接下來才會有運氣。以
我個人存股 17 年來說，大家可以說我運氣好，也可以說運氣
不好，因為我有買過漲好幾倍的股票，運氣非常好，但這些股
票比例都沒有超過 50%，這算運氣不好。

由於股票不是每天都會漲，買到翻好幾倍的股票，你要抱
得住才賺得到，就好比這幾年航運股、台積電或中華食、大學
光（3218）漲這麼多，能賺到全部漲幅的也是少數，而且我相
信還是有人投資台積電或航運股還賠錢的，所以老話一句，做
好自己喜歡且沒有壓力的投資組合，就耐心等候，靜待手中的
股票輪流上漲進攻也不錯。

其實，股票不是彩券，每一支股票都代表著一家公司，公

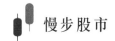

司業績差，股價就會下跌；反過來說，公司業績好，股價就會上揚。如果持有獲利持續增加的公司股票，你的投資績效就會越來越好，換句話說，投資股票時，公司成長股價就會漲，持有股票者的財富會跟著累積，等於跟公司共享繁榮與擴張。

　　如何找到一家優秀的公司，不管行情是 1 天跌 100 點還是 10 點，優秀的公司就是會成功，二流的公司就是會失敗，所以哪些公司是產業當中第一流的？成功機會最高的？選好之後，就把你的資金分配到這些公司上面，發揮耐心就好，投資過程中，外面世界發生各種難題或是光怪陸離的事情，就放心交給好公司裡的優秀經營團隊去解決吧。

兩岸關係緊張 投資眼光放長遠

　　什麼是外界世界的難題呢？以身在台灣的投資人來說，因為台灣和中國有著歷史與政治上的糾結，有些投資人對兩

＋ 華倫語錄 ＋

優秀的公司就是會成功，二流的公司就是會失敗。

岸情勢緊張感到不安與焦慮，因此對於投資相關公司也會怯步，但實際上，我還是認為投資要看的是長遠，而不是短期的紛紛擾擾，選股則是要選不受景氣循環影響的永續成長公司，才是正途。

舉例來說，先前中國推行「共同富裕」政策，要求大企業和有錢人捐錢，目的就是為了共同富裕。其次，或許是因為對於許多青少年、學生沉迷於手機遊戲與網路，中國政府也一度盯上遊戲業者，補習班業者也成為目標。

不過，中國政府也鼓勵生育，並重申支持中小企業，在中美貿易戰之下，中國如果再不重視內需消費與中小企業，恐怕會對經濟產生不小影響，因此，大家可以想想上面一連串措施，對中國長遠的經濟發展是好還是不好？

我想答案並不難回答，大家可以思考一下為什麼部分非洲國家這麼貧窮落後？因為他們的執政者占據國家天然資源且貪汙。同時，大家也可以思考一下中國為什麼一直在進步？我以前都以為中國是落後國家，但是我很多朋友到過中國，他們都跟我說那裡很多城市比台灣進步和繁華很多，大家要

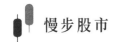

正視他們的進步和追求更進步的決心。當然,我們台灣也要更強大才行。

俗話說商人無祖國,先前川普要求大企業回美國設廠增加就業機會,美國很多大企業也不甩川普,還是選擇中國市場,大家都想要賺人民幣,也會規避風險,就像我們做投資股票也一樣,股利與成長雙贏,選擇勝算高的公司和能力強的企業家,讓他們幫我們賺錢,再適當分配投資組合就好。

下面提出 3 種類型的公司供投資人思考,你想要投資哪一種公司,又不想投資哪一種公司?

🔍 類型 ①:極度害怕戰爭爆發

擔心兩岸情勢緊張的投資人,深怕對岸飛彈打過來,台灣的公司就被摧毀了,比如中華食、大統益(1232)、中保科(9917)、統一超(2912)、全家(5903)、一零四(3130)、中華電(2412)、數字(5287)、卜蜂(1215)、寶雅(5904)等公司,幾乎市場都在台灣,如果兩岸發生戰爭,台灣勢必成為戰場,那你的投資是不是就血本無歸了呢?

套句台積電創辦人張忠謀先生在 2022 年 10 月接受美國

CBS 電視台《60 分鐘》專訪中指出,「如果發生戰爭,台積電會被摧毀,所有一切都難逃被毀」。所以如果兩岸真的發生戰爭,不只你投資的台灣公司會被摧毀,你住的房子和開的車子都會被摧毀,屆時新台幣也沒用了,大家都要上戰場保衛家園了。

🔍 類型 ②:不敢買中概股

擔心中國政策的投資人,對於相關中概股,例如鮮活 -KY（1256）、大地 -KY（8437）、藍天（2362）、南僑（1702）、三能 -KY（6671）、新麥（1580）等,是不是投資前也要考慮再三?

事實上,鮮活果汁董事長黃國晃曾經說過,中國未來 10 年將超越美國,躍居全球第一大經濟體,蒙格和巴菲特也看好中國長期的經濟發展。投資人也可以好好想想,為什麼公司經營者、投資大師會看好中國長期的經濟發展,並不擔心短時間內的政策變化。

截至 2021 年 12 月底的數據顯示,台灣上市櫃公司有投資中國的家數高達 1,208 家,2021 年底累積 2 兆 2,852 億元,

所以不只台商，甚至很多外國公司都看好中國有 14 億人口的消費市場。

針對防疫，中國短期內採取動態清零政策，內需消費景氣非常低靡，許多廠商倒閉或選擇離開中國，這就如同台灣在 1995 年到 1996 年期間，對岸進行了兩次大規模飛彈實彈演習，當時台股從 7,051 點大跌到 4,503 點，跌幅達 36.1%；房市方面，1996 年移轉棟數達到 50.8 萬棟，寫下天量，當時很多人賣股、賣房、甚至移民，但還是有很多人對台灣有信心，在那時候用便宜的價錢買股票、買房子，如果將當時買進的股票和房子持有至今，是不是賺翻了？

英特爾前執行長安迪‧葛洛夫（Andy Grove）說過：「壞的公司被危機打敗，好的公司渡過危機，優秀的公司因危機而更上層樓，市場不會消失，只會重新分配。」當危機過後，優秀的公司會跳得更高，對於中國市場，還是有很多優秀的公司正在努力耕耘。

類型 ③：兩岸相關股票都不敢買

擔心兩岸緊張情勢升高而不買中國和台灣相關的股票，只

✦ 華倫語錄 ✦

投資要看的是長遠，而不是短期的紛紛擾擾，選股
則是要選不受景氣循環影響的永續成長公司，才是
正途。

好轉為買外銷為主的股票或美股，像是面板股、科技股、航運
股、鋼鐵股⋯⋯

　　如同我過去一再提到的，因為我看不懂面板、電子、航運、
鋼鐵的景氣循環，所以我都沒存上述股票。事實上，2022 年
美國連續升息已經造成經濟出現衰退，很多美國公司的跌幅遠
遠超過中國和台灣的股票。

存股忍住別看 退休迎來豐收

　　所以我才一再強調，不管是哪一類股票，台股、美股、陸
股，你都要做好投資組合配置，尤其是產業龍頭股，長期持有
的勝算是非常高的，你只要按部就班地將沒有抗通膨功用的現
金慢慢放進存股帳戶，別管它、別看它，最好是接下來的 20

年之內都不要看。

　　如果可以，超過 30 年不去看它效果更好，最好是像我一樣有著堅定的長期投資意志，不會想要偶爾偷看，否則一定會被每天的股價波動影響心情，也影響到長期投資的決心。

　　什麼時候該回來檢視投資的成果呢？當你要退休時，再打開這個帳戶就好，但是你要確保有醫生在旁邊，因為你可能會太過驚訝而昏倒，無法相信竟然已經累積到這麼多財富，這個存股帳戶雖然非常的沉悶，但卻是一個聚寶盆。

　　簡單地說，存股最好的時機點就是在 N 年前（越早越好），如果你錯過最好的時機點沒有關係，那就是跟華倫老師一樣在 17 年前開始存股，如果你又錯過了第二好的時機點也沒有關係，因為第三好的時機點就是現在，所以不要猶豫，趁早加入存股行列，善用時間複利來累積財富吧！

1 分鐘重點學習

1. 金融股特性

金融股具有不太可能倒閉及股息穩定的特性，因此經常成為存股族首選，但另一方面，金融股財報複雜，獲利不僅受到央行利率政策影響，也受到投資部位表現的牽動，同時又是屬於景氣循環的股票。

2. 借錢投資壓力大

借錢投資會讓人做出錯誤的判斷，從而產生更多負面情緒和壓力。透過自有資金及閒錢來長期投資一家未來看好的事業，才能安心等待持股輪流上攻。

3. 投資重要關鍵

投資成功最主要不是靠頭腦、也不是靠智商，而是靠耐心及策略。儘管外在環境變動難以預測，存股眼光仍要放長遠，不要聚焦在短期的紛擾。

4. 存股不用天天看

長期投資者每天追蹤股價，只會影響心情起伏，所以等到退休再打開帳戶，相信能迎來豐厚回報。

存股致富心法 6

優雅的贏家
有紀律就不會慌亂

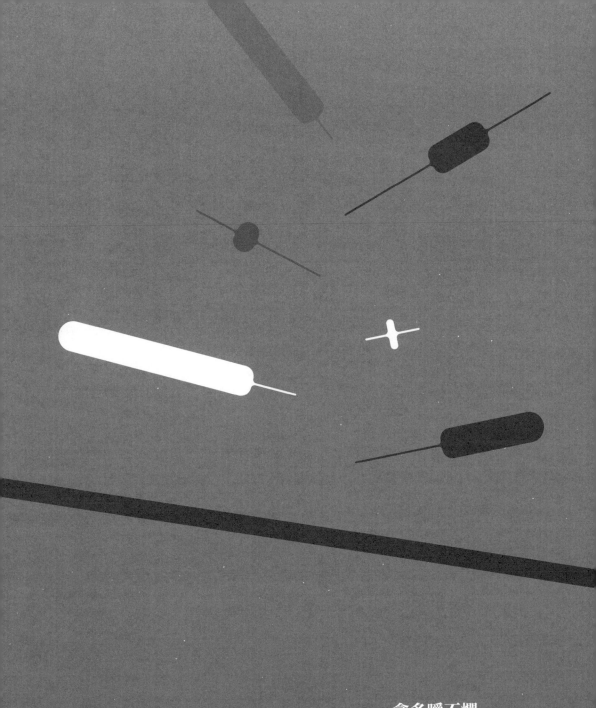

貪多嚼不爛，
也許鎖定幾檔股票一直存，你就發達了，
不要小看你自己手上已經有的股票。

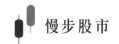

每個投資人的個性不同，有的人喜歡集中火力、可以承受比較大的波動，有的人喜歡分散配置，希望投資組合波動不要太大，這邊就來和大家談談資產配置這件事，如何當一個優雅的贏家，而不是手忙腳亂的投資人？

在華倫幫同學當中，每個人的個性都不同，有人喜歡集中持股，有人則是比較喜歡分散持股，至於我本身是比較偏向分散持股的性格。對於偏好集中持股的人來說，手上一檔股票占比可以高達整體投資組合的 40 ～ 50%，我自己則是頂多 20 ～ 30%，如果股價漲上去，單一個股市值占比提高的話，我通常會買一些持股較少、同時也看好未來的股票，這樣一來可以讓原先占比高的股票比例降低。

談到集中持股的好處，如果在對的時間點，股價剛好處於大幅上升期，會節省投資人很多的時間成本，若狀況不如預期，也會浪費掉時間成本。舉例來說，佳格（1227）在 2009 年漲幅 115.63%，2010 年再漲 101.74%，2011 年續漲 55%，一直到 2012 年我看到佳格在中國虧損嚴重才賣出持股，當時我僅持有佳格 3 年多，就讓我的資產快速增加。

圖表 6-1　**持有日友（8341）3 年 資產快速增加**

（元）

280
240
200
160
120
80

2014 年買進後，
到 2017 年股價有一波漲幅。

2015　2016　2017　2018　2019　2020　2021　2022

資料來源：CMoney 法人投資決策系統

　　其他像是日友（8341），我是在 2014 年以 50 元的價格買進（當時日友還在興櫃），日友在 2015 年上漲 162.45%，2016 年跌 7%，2017 年再度暴漲 129.64%，之後則表現平平，持有日友的 3 年也讓我資產快速增加。

風水輪流轉 換股操作不易致富

　　股價通常會先反應未來公司獲利的成長，投資人也容易高估、樂觀預期未來，帶著鋼盔去追價，然而，一旦公司的營收

獲利沒有符合原先市場期待，或者有突發狀況發生，則會盤整非常久的時間。

我之前也說過，「你不可能靠換股賺到最大的報酬」，大家都想參與 A 股票的漲幅，但當 A 股票盤整下跌，而 B 股票上漲時，又想要參與 B 股票全程的漲幅，接者再換成 C 股票迎來另一波大漲……如果有人能告訴你，他總是能賺到上漲波段，那 99% 是詐騙集團。

說也奇怪，很多人還是會相信這種每次換股就能大漲的模式，不然你以為這麼多人被詐騙是為什麼？事實上，大部分的人是賣掉 A 股票去買 B 股票之後，A 股票上漲而 B 股票下跌，投資人只能怨嘆，早知如此，何必當初。

有趣的是，多數投資人只會跟你說他賺錢的時候，賠了很多錢的時候，他是不會告訴你的。有一個笑話拿來形容這種狀況最傳神：為什麼大家都沒聽過當事人敘述降落傘沒打開的故事？因為那個人已經摔死了。同理，為什麼大家很少聽到玩股票賠錢的說法，因為他已經賠個精光，不再想跟你聊股票，默默退出市場了。

✦ 華倫語錄 ✦

多數投資人只會跟你說他賺錢的時候，賠了很多錢
的時候，他是不會告訴你的。

　　誠如投資大師查理·蒙格（Charlie Munger）所說，他認識的有錢人，沒有一個是靠「換股操作」致富，倒是他看過很多股市中的賭徒，也許在某個時間會賺很多，但最後都留不住，要在賭場獲勝而出，幾乎是不可能的事情，但長期投資必定能累積巨大財富。投資人不需要靠預測股價賺錢，但可以靠「最佳」投資組合，來達成不錯的報酬率。

　　從我的自己的經驗來看，2017 年日友暴漲 129.65%，到了 2019 年輪到大地 -KY（8347）表現，那年大漲 51.78%，是當時我的投資組合中（自組的「華倫 ETF」），表現最凶猛的股票，當時重押日友和大地 -KY 的投資績效非常好，但那時候我手上還是持有德麥（1264）、崑鼎（6803）、中保科（9917）、中華食（4205）、大統益（1232）、一零四（3130）等股票，甚至還有電信股，我並沒有因為德麥、崑鼎、或中華

食未上漲而賣出，換成當時最飆的大地 -KY。

　　為什麼我當時沒有換股呢？因為我不可能知道日友、大地 -KY 能在短期快速飆漲，因此在他們飆漲的過程當中，我對該股票的持股比例了不起是 20% 而已，也不敢 100% 重押，即便是股神巴菲特也不可能 100% 全押在蘋果身上吧？

擇善固執 別當猶豫的投資人

　　物換星移，2020 年受到疫情衝擊至今，爾後大地 -KY 遇到新冠肺炎，中國封城清零政策讓大地幼兒園停課，導致公司獲利衰退，股價也崩跌，然而疫情這種事情又有誰可以預料？日友也因為中國的運城廠、宿遷廠、日照廠無法順利施工營運，導致成長性大受影響，當然股價也沒什麼表現。

　　反觀鮮活果汁 -KY（1256）和德麥卻在 2021 年上半年大幅成長，崑鼎、中華食、甚至大統益、中保科、卜蜂（1215）表現也都比大地和日友好很多，電信股獲利持續改善，中華電（2412）股價飆新高，連最不起眼的一零四獲利都創新高，大家就可以理解為什麼我偏好分散投資組合了。

圖表 6-2			華倫持股漲幅比較		單位：元
股票名稱	2020/3/19 股價	2021/1/21 股價	2020/3/19～ 2021/1/21 漲跌（%）	2021/7/30 股價	2021/1/21～ 2021/7/30 漲跌（%）
鮮活果汁-KY	159.5	288	80.5	505.0	75.35
中華食	70	96.4	37.7	137.5	42.63
德麥	187.5	246	31.2	341.5	38.82
大統益	92.8	130.5	40.6	167.5	28.35
中保科	76	86.7	14	94	8.41
一零四	123.5	154	24.7	173	12.34
崑鼎	176	214.5	21.8	237	10.49
中華電	105.5	108.5	2.8	115	5.99
遠傳	62.4	60.4	-3.2	60.6	0.3
日友	189	222	17.4	203.5	-8.33
台積電	248	673	171.3	580	-13.81

　　風水輪流轉，只要是長期營運與獲利成長的好公司，股價早晚會反應在營運表現上，只是表現時間每家公司不一樣罷了，同一段時間，有的股票可能會大漲、其他沒有表現，甚至下跌，但過了一段時間之後，原本沒表現的股票可能就竄上來，輪到先前大漲的股票進入休息或是拉回整理期。

　　由圖表 6-2 來看，從 2020 年 3 月 19 日到 2021 年 1 月 21 日，台積電（2330）漲幅是第 1 名（當時股價漲到波段高

點 673 元），但從 2021 年 1 月 21 日到 2021 年 7 月 30 日，台積電卻是跌幅第 1 名，航運股和口罩股也因疫情趨緩股價崩跌，所以不用羨慕別人航海王、口罩股或當時的熱門股多會漲，風水會輪流轉。

2019 年如果投資人賣掉中華食、大統益、德麥、崑鼎，去追日友和大地 -KY，短期之內會是正確的，因為日友和大地 -KY 持續上漲；反觀中華食、大統益、德麥、崑鼎不是下跌就是盤整；但到了 2021 年剛好相反，變成日友和大地 -KY 沒有表現，其他股票卻大幅成長。

2021 年初台積電飆漲到 650 元以上，就有投資人忍不住要去追，我印象很深刻，有一位投資人就是在那年的 1 月 21 日高點那天忍不住去買，結果當天竟然就是波段最高價。當時我說，台積電的股價是不是已經反映到未來 2、3 年了呢？

2022 年更是波動的一年，電信股和一零四股價強勢，台積電卻因美國升息、美元走強，導致外資不斷調節持股，股價不斷破底到 3 字頭，中概股的鮮活果汁 -KY 和大地 -KY 也因為中國清零和封城政策，內需消費疲弱，股價大跌，然而只要

你能判斷未來這些情況都能改善，這反而是好公司遇到倒楣事情慢慢增加持股的機會。

簡單小結，長期存股投資人的策略：「做好投資組合，等待個股輪流攻擊」，就是最簡單又棒的策略，抱著「只要買進股票一次，就能終身領息」的態度就可以了。常常有人為了要抓住當時的熱門飆股，賣出冷門股，反而形成抓龜走鱉的狀況，或是太過集中少數 2、3 檔持股，有點跟市場對賭的味道，當遇到個股表現不佳時，績效可能就會明顯落後了。

有趣的是，投資人可能會問，有些熱門股就是很強，怎麼買怎麼賺，而且漲勢持續 3 個月、半年，甚至更久，這時候到底該怎麼面對這樣的誘惑，該不該「汰弱換強」呢？

事實上，我不喜歡換股的原因就是，有時候換了股票，短期看起來好像正確，例如，你賣掉寶雅（5904）之後它就下跌，追高台積電之後它漲更高，但是過了半年之後來看，這完全是錯誤的決定，2022 年 11 月初，寶雅的股價甚至一度超越台積電。而且有時候半年看不出來，要等 3 年、5 年或更久的時間才看得出來。因此，投資人必須比自己想像中更有耐心，當一

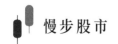

個固執的投資人,而不是猶豫的投資人。

養成存股紀律 十年磨一劍

　　舉例來說,我在 2014 年以 30 元左右賣出大學光(3218)之後,這些錢後來買進 50 元左右的日友,之後大學光下跌到 18 元,日友上市之後股價很快就破百,我會認為我是天才,真的是神操作,因為一賣掉大學光就下跌,買了日友就大漲,但是現在看來,如果我當年沒有用大學光換日友,現在是不是賺更多?所以我根本不是天才,只是平凡人而已!

　　既然多數人都是平凡人,那麼投資人究竟要怎麼做呢?其實,投資股票最重要的是「耐心」等待,選擇勝算高的投資組合,等待持股輪流攻擊,而不是頻繁換股操作。

　　你必須要養成自己的紀律,看到什麼狀況你會買賣股票或

✦ 華倫語錄 ✦

常常有人為了要抓住當時的熱門飆股,賣出冷門
股,反而形成抓龜走鱉的狀況。

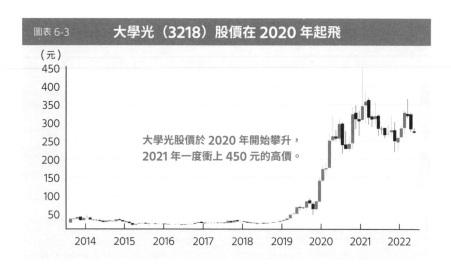

圖表 6-3　**大學光（3218）股價在 2020 年起飛**

（元）

大學光股價於 2020 年開始攀升，
2021 年一度衝上 450 元的高價。

換股票，這都沒有對錯，錯的是你每次買股票、賣股票、換股票的理由都不一樣，甚至都是因為短期股價強弱來買賣股票，而不是用價值投資者長期的基本面來判斷，這樣你就變成受股價影響的「市場先生」和「投機者」了。

　　如果還沒找到自己的紀律或認為自己的功力還不夠強，最簡單就是像我一樣，買進就持有，車子沒故障就不換車，所以公司沒問題就不賣股，就是一直存，有時候「時間成本」要看你是抓什麼區間？是只有 1 年，還是 3 年、5 年、10 年？就怕

某檔股票也成為另一檔大學光，沉寂 20 年之後一鳴驚人。

　　在這麼長的過程中，你還是得選擇比較有信心和有「感覺」的公司，這樣你才不怕股價震盪，也才抱得住，否則你的心情會受影響，而且貪多嚼不爛，也許鎖定幾檔股票一直存，你就發達了，不要小看你自己手上已經有的股票。

長抱核心持股 衛星持股為輔

　　巴菲特曾說：「如果找到前 20 名的股票，又何必投資第 21 名的公司？」，蒙格也說，「最好的股票也許已經在你的手上了，人生中只要找到 3 檔好股票就足以致富。」我的解讀是，在自己的能力範圍內，選擇自己最了解、勝率最高、最有把握的少數股票，長期持有就好。

　　回到「時間成本」的問題，我的確曾在某一段極短的時間

＋ 華倫語錄 ＋

貪多嚼不爛，也許鎖定幾檔股票一直存，你就發達了，不要小看你自己手上已經有的股票。

賺到很多，但有些股票是穩定地慢慢成長，也有些股票是等了很久一段時間之後，才突然爆發起來。

對於投資人來說，除了要非常有耐心之外，還要建立適當的投資組合，有把握的股票可以放多一點，但也不要放棄短期沒有表現的股票，因為現在股價沒有表現代表市場的資金不在此。

短期沒有表現的股票，代表不是當下熱門股，公司還在調整中，但可以反過來思考，股價是不是被低估了呢？或者在未來可以預期公司會逐漸好轉，這時候適度適量地逢低買進，也是不錯的選擇。

沒有一檔股票可以每一年都大成長 20%、30% 以上，公司從 A 到 A$^+$ 的過程都會經過許多挑戰，有時候當一間公司處於調整期的時候，往往就是為了下一波爆發做準備，所以還是老

✚ **華倫語錄** ✚

短期沒有表現的股票，代表不是當下熱門股，公司還在調整中，但可以反過來思考，股價是不是被低估了呢？

話一句，按照選股標準做好投資組合，等待持股輪流攻擊爆發。

誠如巴菲特所言，當你去荒島 10 年都不能賣出股票，你現在的投資組合是什麼？我個人認為長期持有最有把握的 5 ～ 10 檔核心持股應該就足夠了，然後隨著存股時間拉長，再慢慢做調整，而這裡指的慢慢，就是指增加衛星持股數，並藉由買進調整組合比重，絕對不是頻繁換股。

 1 分鐘重點學習

1. 別頻繁換股操作
頻繁換股操作不會致富，短期內或許能小賺，長期來看可能會是一個錯誤決定，因為長期投資人不需要靠預測股價賺錢，只要選擇適合的投資組合堅持下去，就能達成不錯的報酬率。

2. 不遵守存股紀律
什麼時候買賣股票沒有對錯，問題在於你每次換股操作的理由都不同，這代表你不是真正了解一家公司的長期價值，只憑短線漲跌來判斷。

3. 長抱核心持股
長期把握 5 ～ 10 檔的核心持股，選擇你最有把握、勝率最高的少數股票，並透過衛星持股慢慢調整投資組合比重，接下來就只要等待持股輪流爆發。

NOTE

存股致富心法 7

了解買進理由
存股是最賺錢行業

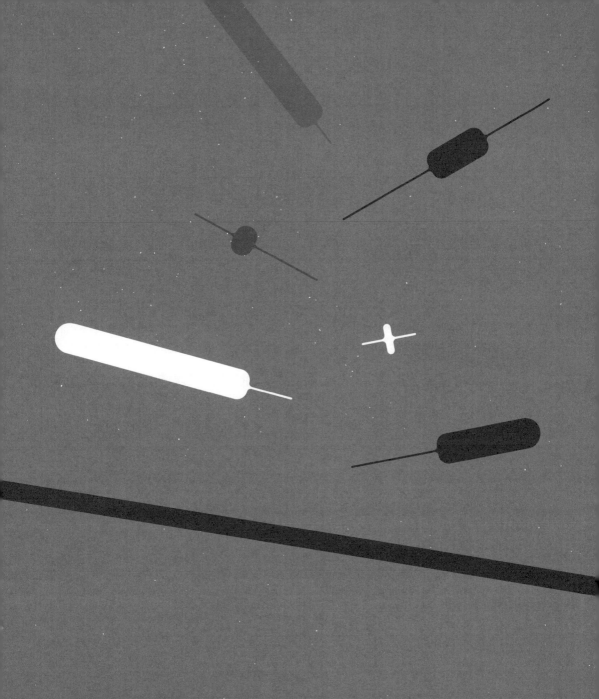

對於長期價值投資與存股的人來說，
買股票之前要先問問自己了不了解公司的基本面，
是否為具永續成長潛力、不太受到景氣因素影響的公司。

長期而言，價值投資人的股票方向只有一個，那就是股價一直上漲，所以，累積的股票張數越多，將來就賺越多。

你可以想成買股票就是買進一種資產，這種資產非常有價值，你買下來之後，把它鎖在保險箱裡面不要管，當你有一天想要賣出的時候，尤其是這一天來得越晚，可以賣出的價錢越高，而在賣出這天來臨之前，每年都還有紅利可以領（股利），可以說很多績優股票「只要買1次，股息就可以領一輩子，甚至還可以傳子傳孫當傳家寶」，所以說存股是世界上最賺錢的行業，這種說法一點也不為過。

由於公司每天都在運作、每天都在賺錢，在最合理的情況下，公司的價值每一天都在成長，自然股價也要每一天都上漲，直到第2年除息之後，公司把賺的錢分配給股東，公司價值減少，自然股價就減少，這稱為「除息交易」。

如果像 2022 年因為美國升息縮表造成股價大跌，很多公司基本面和獲利配息面根本沒有減少，我們趁著股價下跌，用更便宜的價錢買進更多「股數」，未來一輩子就可以領到更多「股息」，豈不妙哉？

✚ 華倫語錄 ✚

你可以想成買股票就是買進一種資產，買下來之後，把它鎖在保險箱裡面不要管，當你有一天想要賣出的時候，尤其是這一天來得越晚，可以賣出的價錢就越高。

買進成本固定 放越久殖利率越高

存股是看長不看短的，投資人需要有相當的耐心，並以沉穩態度面對，所幸，在這漫長的存股期間，投資人每年都可以和其他股東分享公司經營的果實，也就是所謂的紅利（股利）。

至於紅利應該要多少才合理？也就是殖利率應該多高的問題，相信這也是投資人相當關心的議題。我曾經參加一個財經節目，主持人請我幫忙挑選殖利率 10% 的股票。

我回答：「不可能」，主持人再問，如果沒有 10% 殖利率的股票，那有沒有 8% 殖利率的股票？我再回答「這也很難」，然後我反過來問主持人，我只有 5% 殖利率的股票要不要？不過，重點來了，這個 5% 殖利率的股票在買進之後，只要有耐心持有若干年，殖利率很有機會變成 8%、10% 以上，

✟ 華倫語錄 ✟

拉長時間來看，存股久了，永續成長的公司獲利與配
息會越來越好，而投資人當初買進成本是固定的，這
時候殖利率會呈現越來越高的趨勢。

這樣可不可以？

　　舉例來說，我在 2004 年買進中華食（4205），價格大約在 15 元左右，2005 年中華食每股配息 0.5 元，殖利率 3.3%（0.5÷15），到 2006 年中華食配息 1.5 元，用買進價 15 元去計算，殖利率就提升到 10%（1.5÷15），時間快轉到 2017 年之後，中華食每年配息大約都是 3 元的水準，用 2004 年的買進價 15 元去計算，殖利率是非常驚人的 20%（3÷15），如此投資人應該可以理解長期存股的厲害之處。

　　雖然我無法預測公司實際配息會是多少，但拉長時間來看，存股久了，永續成長的公司獲利與配息會越來越好，而投資人當初買進成本是固定的，這時候殖利率就會呈現越來越高的趨勢。

圖表7-1		A、B、C 公司歷年獲利狀況						單位：元	
稅後淨利	第1年	第2年	第3年	第4年	第5年	第6年	第7年	第8年	第9年
A 公司 （成長股）	2	3	4.5	6	7.8	9	10.3	11.8	13
B 公司 （定存股）	5	4.5	5	5.2	5	4.8	5.5	5	5.1
C 公司 （景氣循環股）	5	6	4	2	-1	1	3	4	2

公司具成長性 才是存股重要關鍵

如圖表 7-1 所示，表格內數字為公司的獲利，我比較喜歡的存股標的是 A 公司和 B 公司，即所謂「成長股」和「定存股」，我至少會觀察一家公司過去 3 ～ 5 年的獲利，如果 EPS 時好時壞，甚至有時候出現虧損，那多半是景氣循環股的特徵，如表格中的 C 公司。

關鍵在於買進長期業績、獲利會不斷成長的公司，之後耐心沈穩地持有，時間拉得越長，股利就會隨著獲利上升而增加，殖利率變成 10%，甚至 20%，也不算稀奇了。所以，投資人有時候不需要過於要求買進年度的殖利率高低，因為，高本益比的成長股過了幾年之後，殖利率就會跟隨獲利上升

137

而變高。

在華倫老師的投資組合（華倫 ETF）配置中，有很多股票都屬於 A 公司類型，因為每股盈餘和配息都會成長，所以雖然剛開始幾年的殖利率比較低，但中長期的殖利率是會越來越高的。

對於殖利率還不太了解的投資人，可以參考圖表 7-2、7-3。這是我自己的存股標的，我在 2014 年同時買進 50 元左右的日友（8341）和遠傳（4904），以表格中的股價 57 元做說明，當年度日友配息 2 元，殖利率僅 3.5%，不及遠傳配息 3.75 元和殖利率 6.58%。

當時為什麼要買日友呢？因為 2008 ～ 2013 年日友的 EPS 從 0.2 元成長到 1.17 元，6 年成長了快 5 倍，平均年複合成長率超過 30%，因此日友是屬於圖表 7-1 中的 A 公司（成長股）類型，而遠傳是上表中的 B 公司（定存股）。

2014 年買進日友之後，日友的配息逐年成長，2017 年日友配息 4.5 元超過遠傳的 3.75 元；若以累加做比較，假設你在 2014 年同時買進 57 元的日友和遠傳，到了 2019 年，

圖表 7-2	**日友（8341）、遠傳（4904）歷年配息比較**						單位：元	
年度配息	2014	2015	2016	2017	2018	2019	2020	2021
日友	2	2.2	3.5	4.5	6	6.5	8	8.2
遠傳	3.75	3.75	3.75	3.75	3.75	3.75	3.25	3.25

圖表 7-3	**日友（8341）、遠傳（4904）買進價的殖利率**						單位：%	
買進價殖利率	2014	2015	2016	2017	2018	2019	2020	2021
日友 57 元買進	3.5	3.85	6.14	7.89	10.52	11.4	14.03	14.38
遠傳 57 元買進	6.58	6.58	6.58	6.58	6.58	6.58	5.7	5.7

日友配息共 24.7 元，已經超過遠傳配息 22.5 元，因此前面我才說明買進 A 公司初期的殖利率較低，但持有 5 ～ 6 年之後，股息就會超過 B 公司，若以 2014 年、57 元買進的日友計算，2021 年日友配息 8.2 元，殖利率高達 14.4%（8.2÷57）。

所以，如果「現在」就要買進殖利率 10% 的公司，那一定是 C 公司才有可能，不過，因為 C 公司是景氣循環股，獲利起伏大，有時候會出現年度虧損的狀況，股利自然也不會「穩定增加」，殖利率就不太可能越來越高。

這裡可以舉一檔殖利率超過 13% 的股票，看看大家要不要買？2021 年 4 月初這檔股票股價大約 90 元左右，當年預

計配息 12 元。

如果你當時以 90 元買進，配息 12 元，殖利率是 13.3%（12÷90），但到了 2022 年，這檔股票配息已經掉到 2 元，以當初買進價錢 90 元計算，殖利率會變成 2.2%（2÷90），這種狀況的股票你要買嗎？如果你問我的話，我會說：「我 OK，你先買。」

在能力圈內投資 好公司落難更要買

我提到的這檔股票，就是做口罩的恆大（1325），這幾年因為疫情關係大發利市，但疫情不太可能永遠持續下去，等到大家不再囤積口罩，恆大的獲利和配息就可能回到過去水準，股價長期也會回歸基本面。

✦ 華倫語錄 ✦

投資人有時候不需要過於要求買進年度的殖利率高低，因為，高本益比的成長股過了幾年之後，殖利率就會跟隨獲利上升而變高。

圖表7-4	恆大（1325）歷年 EPS 及配息	單位：元
年度	EPS	每股配息
2014	0.58	0.45
2015	1	0.7
2016	1.16	0.8
2017	0.51	0.35
2018	0.7	0.5
2019	0.43	0.3
2020	23.16	12
2021	3.26	2

數字顯示，疫情爆發前，恆大營運績效並不特別突出。

　　這並不是說恆大不是好公司，只是提醒投資人要清楚自己持有一檔股票的目的，對於長期價值投資與存股的人來說，買股票之前要先問問自己了不了解公司的基本面，是否為具永續成長潛力、不太受到景氣因素影響的公司。

　　當然，再好的公司也有落難的時候。舉例來說，台積電（2330）也曾經在 2019 年第 1 季出現明顯衰退，股價修正不少（2018 年底股價提前反應拉回），但是幾年後回頭來看，才發現「當時的台積電天天都是絕佳買點」。

　　不止於此，台積電在創辦人張忠謀第一次交班給蔡力行

的時候，也曾出現營運逆風，任何公司長期都有可能發生類似狀況，畢竟這是一家公司從 A 級到 A ＋級的必經之路，我們只能從公司的競爭力和過往營運紀錄，來選擇勝算比較高的公司。

有很多人問我之前不是不買「電子股」，其實正確的說法是我不買「超出能力圈範圍的股票」，其中「科技股」超出我的能力圈範圍最多。實際上，當然不只科技股，還有很多股票都超出我的判斷範圍，尤其是無法預測 10 年後該公司的發展狀況，這類公司都不在我的存股名單選項。

巴菲特也是如此，早期不買科技股是因為無法預測這些公司的未來，但後來買進蘋果股票，是因為巴菲特把蘋果視為民生消費公司，只要消費者使用蘋果的手機或電腦後，粉絲們就離不開了，蘋果賺錢並不是靠賣手機或電腦，而是靠後續的加值服務綁住消費者，也就是時下流行的「生態圈」，使用蘋果產品後就被「圈粉」了。

巴菲特說公司賺錢的秘密就是擁有「壟斷寡占的地位」，就像蘇伊士運河一樣，它是歐亞貨運往來的必經之道，沒有

蘇伊士運河，世界就會癱瘓。同理可知，如果沒有台積電、德麥（1264）、大統益（1232）、日友……這些市占率高的企業，其客戶的日常營運也會跟著癱瘓，所以，我認為台積電可以看成是民生消費股票，就像巴菲特把蘋果當成民生消費公司一樣。

用閒錢存股 無後顧之憂

從我個人經驗來看，我把自己當成是「華倫控股公司」的執行長，我的公司有超過 20 個部門，有賣豆腐的部門、有賣麵包、沙拉油、果汁飲料、雞肉……的部門，也有清除醫療廢棄物和事業廢棄物、人力銀行、電信網路部門等等，有些部門因為疫情、中國封城暫時表現不佳，像是幼稚園部門、

零售部門……也會有營運大幅躍進的部門，像是烘焙、人力銀行、沙拉油、雞肉、豆腐部門等等，這些部門的表現會出現輪動，我也會很有耐心地看待每個部門的調整，並等待它們輪流發動攻擊。

除了等待各檔股票輪流發動攻擊，投資人一定要相當有「耐心」，不要太心急，也不要做出一些會讓自己有壓力的操作方式。長線來看，股票越晚賣出，可以賣的價錢越好，因此有同學問要不要借錢買股票，借得越多不就可以賺越多？

如果要借錢買股票，投資人一定要先問自己，萬一股票下跌你會不會害怕？我知道有些投資人連用現金買進的股票下跌都會擔心害怕，更何況是借錢買股的壓力更大，當股災來臨的時候，連好股票都會有大跌的時候，請問投資人受得了這種心理壓力嗎？

✛ 華倫語錄 ✛

投資人千萬不要小看「習慣」的威力，就是因為養成習慣了，所以賭博的人很難戒賭。

圖表 7-5	中華食（4205）疫情間獲利不減反增		單位：萬元
時間	2019 年獲利	2020 年獲利	獲利年增率
第 1 季	5,309	7,941	49.5%
第 2 季	7,168	7,906	10.3%
第 3 季	8,455	100,08	18.3%
第 4 季	7,563	8,127	7.45%

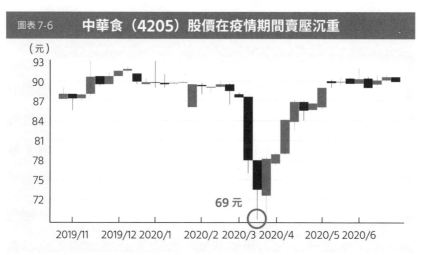

圖表 7-6　中華食（4205）股價在疫情期間賣壓沉重

資料來源：CMoney 法人投資決策系統

　　舉例來說，中華食在 2020 年疫情嚴峻期間獲利並沒有衰退，反而還比 2019 出現 2 位數成長，然而，在 2020 年 3 月市場賣壓沉重期間，中華食股價也從高點 93 元重挫 25.8% 到 69 元。

大家可以回想一下當時的恐慌氣氛，所有人都叫你賣股票，但當時我力排眾議說：「不但不能賣，還要加碼慢慢買進」，之後回頭看，殺在低點的人一定很懊悔，但是固執的投資人，以及逢低加碼的投資人，過後必然是完全相反的心情。至於那些借錢買股票的投資人，是不是已經黯然離開市場了？

總而言之，存股是最賺的行業，但君子取之有道，一般投資人如果想要借錢投資、拉高槓桿操作，要小心借錢會變成一種習慣，很有可能你會越借越多、越來越大膽，哪天要是出現一個閃失，就足以讓你從此退出市場，甚至還會負債。所以，投資人千萬不要小看「習慣」的威力，就是因為養成習慣了，所以賭博的人很難戒賭，反之，愛運動的人也很難不繼續運動。

所以你應該要養成的投資習慣是「耐心」、「長期存股」，買民生消費股票勝算較高，盡量不要買景氣循環股，同時，建議投資人養成持續用閒錢存股的好習慣，而不是借錢買股票這種放大風險與心理壓力的行為。

1 分鐘重點學習

1. 不過度要求殖利率

投資人有時候不需要過於要求買進年度的殖利率高低，因為，高本益比的成長股過了幾年之後，殖利率就會跟隨獲利上升而變高。

2. 好公司落難逢低進場

再好的公司也有落難的時候，只能從公司的競爭力和過往營運紀錄，來選擇勝算比較高的公司，並股價拉回時進場低接。

3. 在能力圈內投資

投資人要在能力圈範圍內挑選股票，若超出自己的判斷範圍，尤其是無法預測 10 年後該公司的發展狀況，就不適合列入存股名單選項。

4. 養成良好習慣

投資人應養成「耐心」、「長期存股」的投資習慣，並用閒錢來存股，而非借錢買股票這種放大風險與心理壓力的行為。

存股致富心法 8

漲多、跌深
都不是賣股理由

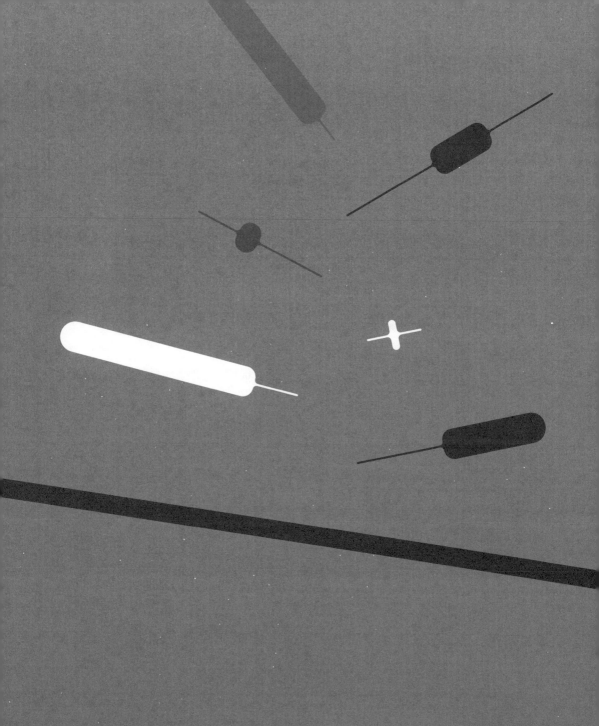

現在的昂貴價將會是未來的合理價，
現在的合理價會是未來的便宜價。

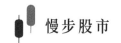

前面章節講過股利與賣股的問題，本章節再進一步論述成本問題。

許多投資人會問我一個問題，如果帳面上已經賺了很多，現在賣掉就等於賺了超過 10 年的股利，這時候到底該不該賣？這個問題在股市處於多頭的時候，特別容易被提出。

請大家先思考一下，如果是在空頭市場，同樣會有不少投資人提出類似問題：帳面上已經虧損很多，現在賣掉就等於賠了超過 10 年的股利，這時候到底該不該賣？這 2 個問題本質上差異不大，雖然一個是帳上大賺，一個是帳上大虧，但其實都是在「考驗人性」。

有人說，當帳面獲利 20%、30% 時，心理素質良好的存股族可以耐得住，但是當帳面獲利達到 70%、80%，足以抵過 10 年股息，甚至帳面獲利超過 100% 時，很多存股族心中都會出現小天使與小惡魔對抗的糾結情緒，一邊是忍不住想獲利了結，一邊是怕賣了之後，再也買不到這種長年累積下來的便宜股票，究竟這筆資金應該繼續存？還是可以先獲利了結，尋找更好的存股標的？

✛ 華倫語錄 ✛

漲多或跌深時該不該賣股？ 這 2 個問題本質上差異不
大，雖然一個是帳上大賺，一個是帳上大虧，但其實
都是在「考驗人性」。

同樣的問題也經常出現在華倫幫，三不五時有人問：「某
某股票現在的價格還在合理範圍嗎？還是已經進入炒作的價格
了呢？我是先前低價買進的，現在每天這種漲法，真的很考驗
人性。」還有同學也問我，「某某公司今年的股利（股票加現
金），對照現在的股價和每股盈餘（EPS），是不是已經沒甜
頭了？」

打造一輩子飯票 應付人生各種風險

這裡和大家分享我的存股觀點，我認為上述問題其實是出
於「太重視股價」，心情太容易受到股價漲跌所影響。有些人
覺得某檔上漲中的股票已經漲太多，想要「逢高獲利了結」，
有些人覺得某檔下跌中的股票已經跌太多，想要「停損賣出」，

這 2 種狀況都是太看重短期股票的潮起潮落,心情容易被股票價格的漲跌拖著走。

大家知道人生的風險是什麼嗎?是你做太多投機事情,比方說投資人企圖預測股價漲跌,想靠「預測」來賺價差,或者是融資槓桿來賭一筆,其實這都是抱著投機的心態在操作股票。

另外一個風險是現代人壽命太長,等到有一天退休,如果沒有穩定的收入現金流來因應個人與家庭生活所需,這可是非常重大的風險,就如同「下流老人」般,當你年老之後,子女無力奉養,若是你需要照護,有可能安養院都住不起,加上年金改革,延長退休年齡與降低所得替代率……這些都是人生的風險。

因此,如果你能打造一個穩定的被動收入系統,每年能領到超過薪水的股息,只要能夠提早一天退休,就是你賺到了,所以看你的存股目標是什麼?華倫幫同學的目標就是不斷累積股數和股息,直到財富自由那天來到,而不是試圖預測股價、頻繁交易。

＋ **華倫語錄** ＋

我根本不在乎股價是多少，對於所持有股票的股價
波動起伏，我都沒什麼感覺。

　　為什麼要談風險，因為先讓大家感受一下，回頭再來看長
期價值存股，才會真正有感。

　　存股就是源源不絕打造被動收入現金流，我過去 17 年已
經打造了這個存股系統，到 2022 年時年領股息超過 250 萬元，
往後逐年一定會越來越多，因為我會存更多具成長性的股票，
當我累積的股數越來越多，自然股息就越來越高，所以，「我
根本不在乎股價是多少」，對於所持有股票的股價波動起伏，
我都沒什麼感覺。

　　我不對股票做停利，我會讓好股票永無止盡地成長，不好
的股票我才會賣出停利或停損。什麼股票算是不好？第一，這
檔股票真的沒救了；第二，我已經無法預測公司的未來了；第
三，我判斷有 90% 以上的機率，換掉股票會更好。除此之外，
我不會輕易賣股或換股，反而會盡量減少交易頻率，這已經是

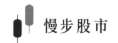

多年養成的習慣。

越早開始存股 越快邁向財富自由

　　雖然我手上的持股不是每檔股票都有爆炸性的成長，但絕大多數都是長期穩健成長，再加上幾檔特別有潛力的成長股（飆股），長期下來就可以創造非常好的績效。

　　在心法 2 中曾舉過了中華食（4205）的例子，我在 2004 年買了 1 張 15 元的中華食，成本 1 萬 5,000 元，等到我持有第 10 年（2013 年）的時候，我已經領到 16.3278 元的現金股息，一般的說法是「我已經回收當初 15 元的原始投資成本了」，到 2022 年為止，這 1 張中華食股票總共配給我 4 萬 3,125 元，而且經過配股後，已經從 1 張變成了 1.61 張，而 2022 年這 1.61 張股票又可以領到每股 4.83 元的股息。

　　然而在這 17 年過程中，不斷有人跟我說中華食股價太貴、太高，40 元太貴、50 元太貴，60 元已經「緊繃」，70 元則是炒作，90 元是不是沒有甜頭了……甚至在 2022 年因為股市表現不佳和原物料上漲，中華食股價從高點下跌 30%，但我

仍然沒有什麼感覺，因為股價波動是正常的，習慣就好，況且
存股 17 年，我什麼大風大浪沒見過？中華食股價還曾在 2008
年從 30 元下跌到 15.7 元，下跌幅度近 50%，我都沒賣，並且
還不斷加碼。

　　對於好股票，我從不會想說漲了多少或幾倍要賣出，我只
知道 17 年前，1 盒嫩豆腐只要 7 塊錢，而且還比現在的嫩豆
腐大盒，現在 1 盒嫩豆腐大約比 17 年前的價格高出 1 倍多，
而且還比較小盒，我知道再過 17 年後，1 盒嫩豆腐售價只會
更高，包裝盒子可能更小，我還知道我的還本型保單只能還本
一輩子，而這 1 張中華食股票可以當傳家寶，股息領好幾輩子，
在我失業沒有工作的時候，中華食品公司還是會繼續賣豆腐，
繼續幫我工作。

　　有很多人跟我說存股「沒賣」會是紙上富貴一場，也有人
跟我說 1 年股息領這麼多，要繳很多稅不划算。我想反問，如
果你有這麼多紙上富貴，可以不用上班工作，每年可以領 200
萬、300 萬元的股息（且長期逐年成長），雖然要多繳點稅，
你願不願意？你喜不喜歡這種紙上富貴？如果你說喜歡，那就

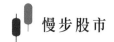

不要羨慕我，盡快督促自己存這些「紙」，存越多「紙」，將來年紀大了，你就越「富貴」。

答案應該很明顯，如果投資人想要提早財富自由退休、不用工作，現在就該趕快存股，不斷累積好公司的股數，讓這些公司幫你工作，越慢存股，恐怕就只能看著中華食及其他民生消費股票未來越走越高。

這也回應許多人關心「股價漲多、跌深要不要賣」這件事，與其關心漲跌，不如多把眼光放在 5 年、10 年後公司的營運

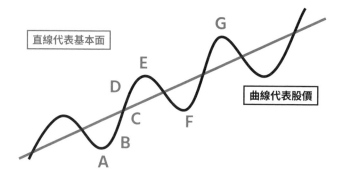

圖表 8-1　好公司股價短期波動 長期趨勢仍向上

直線代表基本面

曲線代表股價

說明：股價與基本面並非總是正相關，會受各種因素影響而漲跌。

狀況，投資人只需要學學股神巴菲特，冷靜看待有哪些人在市場做了不聰明的事，而自己要秉持初衷，在股價相對獲利合理或者便宜時，慢慢買進就可以了。

由於我喜歡的公司都是長期會成長的公司，不是獲利起伏變動大的公司，因此股票的合理股價也一定會慢慢往上。

但如圖表 8-1 所示，股價不會總是和基本面正相關，有時候公司也會遇到不可抗力的因素（如新冠疫情）而暫時衰退，股票市場猶豫的投資人總是比固執的投資人多，猶豫的投資人會把股價搞到波動劇烈，而我們固執的投資人就緊抱持股不賣，「車子沒故障不用下車」，甚至可以在好公司股價下跌的時候加碼，前提是你必須要非常了解這家公司的基本面和競爭力，買進之後就是等待長期甜美的果實了。

長期股價如體重機 反應基本面

除了過度關心股價漲跌，投資人常常也會問到另一個問題：對於分批進場的投資人來說，在股價上漲過程，如果繼續買的話，平均成本會不會不斷上升？

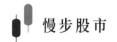

慢步股市

　　這個問題在我的存股社團也有同學問到,「還買的不夠多,股價就漲上去了,這樣還要繼續買嗎?有點猶豫,因為這樣成本不就又墊高了?」

　　我們把時間拉長來看,投資人就會知道「越慢存股,股價越高」這句話的道理。如果投資人出生在 1896 年,當時道瓊指數只有 46 點,那時候就開始存股的話,道瓊在 2022 年初已經來到 36,952 點了,巴菲特曾經說過,再 60 年道瓊指數會上看 60 萬點。

　　這就和我 6 年前預測中華食股價終究會突破百元一樣,投資人可能會好奇,巴菲特跟華倫老師不是不預測股價嗎?為什麼一個預測道瓊未來會到 60 萬點,一個預測中華食股價遲早會破百元?

+ **華倫語錄** +

如果投資人想要提早財富自由退休、不用工作,現在就該趕快存股,不斷累積好公司的股數,讓這些公司幫投資人工作。

理由很簡單，我預測中華食股價會破百，那是因為巴菲特和我都不預測「短期股價漲跌」，也不進行短線操作，短期股價變化有如「投票機」，結果難以預測，但是長期股價有如「體重機」，會反應公司基本面到底有多少斤兩，相對比較容易預測，這也是我們堅持長期持有好股票的關鍵原因。

就像巴菲特長期看好美股指數一樣，回到台股來看，如果投資人在 1966 年就能存股，當時台股指數只有 100 點，2022 年初還原權息後已超過 3 萬點。

同樣的道理，如果投資人跟我一樣在 2004 年買進中華食，當時股價是 15 元，沒買到的話，也可以在 2015 年我出第 1 本書時以 38 元左右買進，還是沒買的話，也可以在 2016 年我出第 2 本書時以 48 元買進，仍然沒買的話，還是可以在 2017 年我出第 3 本書時以 58 元買進，我自己到了 2020 年股災時，還在以 86 元買進中華食「存股」。

成本算破頭 實際獲利才是解答

這裡和投資人釐清一個觀念，很多人喜歡計算某一檔股票

的「平均成本」，然後換算報酬率績效，認為在 10 元買了 1 檔股票之後，又在 20 元買進 1 張，會墊高成本，因為平均成本從 10 元變成 15 元，這樣平均報酬率就降低了。

舉例來說，假設這檔股票漲到 40 元，你在股價 10 元時買 1 張的情況下，總共賺了 3 萬元，績效 300%；如果你在 10 元、20 元分別買進 1 張，2 張總共賺了 5 萬元，績效 167%〔（8 萬－ 3 萬）÷3 萬 ×100%〕。

(40 元－ 10 元)×1,000 股＝ 30,000 元
〔（40 元－ 10 元）＋（40 元－ 20 元）〕×1,000 股＝ 50,000 元

請問一下，你想要買某公司 1 張績效 300% 的股票？還是買同樣公司 2 張平均績效 167% 的股票？我個人是喜歡後者，因為我買 2 張，雖然墊高「平均成本」，但是賺了 5 萬元，比

✦ 華倫語錄 ✦

把時間拉長來看，投資人就會知道「越慢存股，股價越高」這句話的道理。

只買 1 張賺 3 萬元多更多。

在我多年的存股過程當中，17 年前買 1 張中華食 15 元，之後在 30 幾元、40 幾元、70 幾元、80 幾元加碼買進，不斷墊高「平均成本」，所以平均績效變差了，但是，由於我在上漲過中買進「更多張中華食」，實際累積的獲利可觀，比張數少的狀況下多了非常多。

回到前面「平均成本墊高」的問題，其實這是無解且無奈的事，就像投資人現在買不到 1 盒 7 元的中華豆腐，當然也買不到 20 元的中華食股票。如果你覺得現在股票很貴，那麼，5 年後加入存股的人會覺得更貴，10 年後加入的會覺得股票比又比 5 年前更貴，因為「好股票一定會越來越貴」。

所以，不用太在乎墊高平均成本，投資人只要關心公司是不是會繼續成長，如果答案是肯定的，現在的昂貴價將是未來的合理價，現在的合理價會是未來的便宜價，投資人應該以公司當時的業績，判斷當時的股價是否值得買進就好，不要管「曾經」用多少價格買進這檔股票。

況且每次買進股票都是獨立事件，你要分開計算投資績

效，試問 17 年前買進的中華食和昨天買進的中華食，你把它們平均成本有意義嗎？正確的算法是，你要分開紀錄。舉例來說，假設我現在又買進 1 張中華食，再過 3 年之後，我不但可以計算「20 年前」買進的中華食獲利多少，也能計算「3 年前」買進的中華食獲利多少，而不是一味地只要是同一檔股票的買進紀錄，就將其平均成本。

每次的獨立事件，都可以和把錢放在銀行相比，到底是哪一種賺得多？重點是要賺更多的絕對金額，領更多的股息，才是長期存股的終極目標。

反之，如果你買到的是「故障股」，跌越多你買越多，平均成本的確會越來越低，看似平均報酬率沒那麼慘烈，但是，最後累積的虧損恐怕高到驚人。

舉例來說，有投資人曾經在 800 元買進某檔高價股，跌到了 400 元再買，跌到 200 元再買，後來跌到 50 元再買……雖然不斷降低平均成本，但是，最後這檔股票下市了，這樣降低成本並沒有意義。

從我存股多年的經驗來看，我個人不會計算「平均成本」，

*現在的合理價會是未來的便宜價，投資人應該以公司
當時的業績，判斷當時的股價是否值得買進就好，不
要管「曾經」用多少價格買進這檔股票。*

尤其是對於持有 5、6 年以上的股票，在經過多年配股配息之
後，平均成本其實已經不容易計算了。試問投資人？誰能幫我
算算 17 年來，已經買進這麼多中華食的股票，還要加上配股
與配息，我的平均成本到底是多少？7、8 年前陸續一直買的
大統益（1232）和崑鼎（6803），平均成本是多少？

　　換句話說，當投資人和我一樣，發現已經很難計算平均
成本的時候，應該也是股票市值和股息金額都有一定水準的時
候。我也深切希望有越來越多存股投資人，不用再操心「股價
漲跌」以及「平均成本墊高」的問題，因為這都只是長期存股
必經的過程，而不是結果，也希望大家都能夠保持輕鬆與從容
的心態，朝自己的存股目標大步邁進。

1分鐘重點學習

1. **養股防老**

   如果退休時沒有穩定的現金流，來因應個人與家庭生活所需，這會是非常重大的風險，所以趁早存股打造被動收入系統，可以提前預防各種人生風險。

2. **好股票不需停利**

   只要是基本面長期看好的公司，就不用擔心它的股價漲跌，如果可以穩定領股息，就沒有停利的必要，不好的股票才需要賣出停利或停損。

3. **長期股價反應基本面**

   短期股價變化有如「投票機」難以預測，但是長期股價有如「體重機」，會反應公司基本面到底有多少斤兩，相對比較容易預測。

4. **別在乎平均成本墊高**

   隨著存股資歷拉長，平均成本已經難以計算，與其斤斤計較成本，不如聚焦好股票長期累積獲利的本質。

NOTE

存股致富心法 9

資產配置學問大
聰明存股、存指數

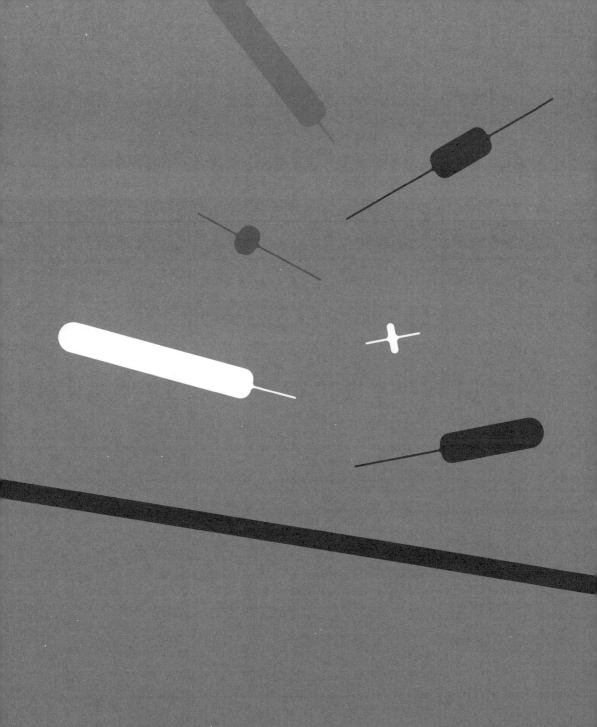

其實 0050 的成份股當中，
也有股價波動如六福村大怒神等級的股票。

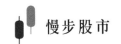

有投資人問我，這麼多年下來華倫老師都以存個股為主，想請老師也來分享一下，有沒有股票以外的資產適合投資？或是對於想分散風險的人，有沒有其他投資建議，例如定期定額買指數型基金 ETF（Exchange Traded Funds）？

投資想要走得長、走得久，必須了解「成功沒有捷徑」。投資首先應該要有目標，才會有方向，才可以研擬執行的策略和步驟，接著要付出努力，慢慢朝向設定的目標前進。

有了投資目標，例如每年想要有 120 萬元的的股息被動收入，你才會有存股的動力並嚴守紀律，朝著設定的目標和邏輯不斷累積和前進，因為我們的邏輯是「長期股市會一直上漲」，但它不會每天漲、每年都漲，股價走勢就跟我們股票資產（市值）一樣，有時候會減少，但是我們知道它最後都會上漲。

因此，我們會在下跌（大多數人恐慌的時候）時買進比較多的股數，不斷累積更多的股數，而我們的股票市值每隔幾年就會創新高，股息也會一直創新高。

重點來了，除了「長期持有」的策略之外，還有另一個關

✛ 華倫語錄 ✛

股價走勢就跟我們股票資產（市值）一樣，有時候
會減少，但是我們知道它最後都會上漲。

鍵策略，就是「建立投資組合」，這個也會回答到上述投資人
要不要買 ETF 的問題。

ETF 汰弱留強 長期績效穩健

以台股當中最老牌的 ETF 元大台灣 50（0050）為例，
來說明為什麼建立投資組合很重要。歷年來 0050 有很多成份
股的股價腰斬，甚至膝蓋斬（跌到三分之一或更低價），但為
什麼 0050 長期績效還是不錯？因為 0050 有 50 檔股票，整
體長期表現還不錯，所以當投資人買了 0050 這個投資組合，
也能獲得不錯的報酬。

但細究 0050 成份股，也有股價波動如六福村大怒神等級
的股票，如果你運氣不好，剛好只買到 0050 當中表現比較差
的股票，整體績效一定會不理想，但如果是買下整個 0050 的

50 檔股票，當中一定也有表現比較好的股票，可以抵消表現不佳股票的跌幅，所以整個 ETF 的長期表現當然就比較穩健。從建立投資組合的角度考量，投資人想要買這類指數型 ETF 也是推薦的，因為你可以參與台灣經濟的成長，股神巴菲特也非常建議沒有時間研究個股的投資人，可以長期投資指數型 ETF。

不過，買 ETF 的投資人可能也要想想另一個問題，不知道大家還記得嗎？2021 年在航海王盛行的時代，長榮（2603）、陽明（2609）、萬海（2615）貨櫃三雄獲利大爆發，帶動股價大漲，航海王在市值大幅成長之下，成為台股前 50 大權值股。

0050 在 2021 年 6 月季度調整時，就把長榮、萬海、陽明 3 檔航運股和面板股友達（2409）納入 0050 的投資組合，同時剔除台灣高鐵（2633）、緯穎（6669）、正新（2105）、可成（2474）等股票。

然而大家都知道 2022 年在疫情趨緩之下，航運股的報價下滑，塞港問題也不如 2021 年疫情期間嚴重，因此航海王的

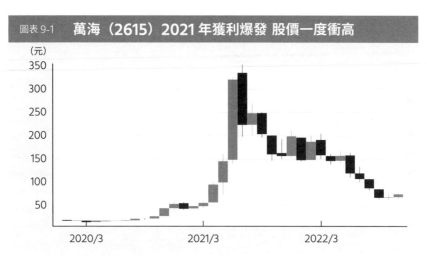

圖表 9-1　萬海（2615）2021 年獲利爆發 股價一度衝高

資料來源：CMoney 法人投資決策系統

股價大幅修正，面板業的景氣也開始下滑，友達（2409）也有不小的跌幅。

　　或許就在未來一段時間，當貨櫃三雄和友達的市值衰退至台股 50 名之外，0050 就會把這些股票剔除成份股的行列，所以 0050 在航運股高點時將其納入、低點剔除的這段時間是會拖累 0050 的績效的，這和一般投資在低點買進、高點賣出的做法是相反的。

　　這也讓我想起，前股王宏達電（2498）曾經也是 0050

圖表 9-2　宏達電（2498）股價觸及 1,300 元後一蹶不振

2011 年 4 月宏達電股價觸及 1,300 元，
但之後卻一路下跌。

資料來源：CMoney 法人投資決策系統

　　的成份股，但在 2013 年公司出現虧損，一直到 2015 年 9 月
被剔除於 0050 成份股之外（宏達電當時股價從 2011 年高峰
的 1,300 元跌到 50 元以下），因為宏達電的股價表現拖累
0050 績效長達兩年多的時間。

　　其他像 TPK-KY 宸鴻（3673）、長榮航空（2618）也曾
在 2011 年納入 0050 成份股，但後來營運表現欠佳，拖累整
體績效，已被剔除 0050 的成份股。此外，正新（2105）曾在
股價 100 多元被納入 0050，之後跌到 40 幾元被剔除，可成

＋ 華倫語錄 ＋

其實 0050 的成份股當中，也有股價波動如六福村
大怒神等級的股票。

（2474）股價也從 400 元跌到 170 元，因此被剔除。

拆解 0050 挑選優質成份股

舉上述例子，主要想讓大家知道，0050 是被動選股，當
股票大漲、市值大增至台股前 50 大，就會被納入成份股，因
此 0050 成份股中，有很多是「短暫的過客」，這些公司可能
是「景氣循環股」，或多或少會降低 0050 長期績效表現。

對於喜歡投資個股的朋友，你可以選擇 0050 成份股當中
不受景氣影響、擁有強大競爭力的股票就好，比如護國神山台
積電，台積電就占了 0050 快要一半的權重左右，其實台積電
某種程度就代表了 0050，甚至比 0050 績效更好。

那是不是說我們直接投資台積電就好，不要投資 0050
呢？話也不能這麼說。大家都知道投資一定有賺有賠，我們

圖表 9-3	0050 持股名單 台積電占近一半權重		單位：%
股票名稱	權重	股票名稱	權重
台積電	44.79	和泰車	0.82
鴻海	5.04	台泥	0.81
聯發科	4.4	廣達	0.79
台達電	2.59	永豐金	0.75
聯電	2.18	國巨	0.74
中華電	1.76	華碩	0.74
南亞	1.73	聯詠	0.72
富邦金	1.73	台新金	0.7
中信金	1.68	台灣大	0.69
中鋼	1.46	長榮	0.64
國泰金	1.46	上海商銀	0.64
兆豐金	1.45	統一超	0.62
台塑	1.38	矽力 *-KY	0.61
玉山金	1.37	瑞昱	0.6
統一	1.32	亞德客 -KY	0.57
日月光投控	1.3	研華	0.55
第一金	1.14	友達	0.53
合庫金	1.13	陽明	0.48
元大金	1.07	彰銀	0.48
台化	1.05	台塑化	0.48
中租 -KY	1.01	遠傳	0.47
華南金	0.96	萬海	0.44
開發金	0.88	豐泰	0.33
大立光	0.88	南電	0.23
欣興	0.84	南亞科	0.21

資料來源：元大投信（資料截至 2022/11/11）

圖表 9-4	台積電與 0050、0056 績效比較		單位：元
股票名稱	台積電	元大台灣 50	元大高股息
股票代號	2330	0050	0056
投入金額	100,000		
年度	2006～2022		2007～2022
期數	合計 17 年	合計 17 年	合計 16 年
領取股票股利	0.45	0 元	0 元
領取現金股利	83.52	41.55 元	17.25
期末終值	1,585,152	425,039	231,329
總領現金	214,444	114,637	97,654
投資報酬率	1485%	325%	131.3%
年化報酬率	17.7%	8.9%	5.4%

說明：表格以 2006/1/1 買進 10 萬元為例（0056 於 2007 年成立開始計算），比較台積電、0050、0056 的報酬績效及總領股息，截至 2022/8/15，可以發現不論是股息或股價漲幅，台積電績效都比 0050 和 0056 好很多。

盡可能在能力圈選擇投資標的，並做好投資組合，不論是投資個股或 ETF 都有其優劣，投資個股的困難就在於要持續追蹤個股基本面，對於大多數上班族或小資族而言，具有一定的難度。

此時投資追蹤大盤指數的 ETF 就有其優點，而且 ETF 股價的波動會比個股還要小，雖然投資台積電長期的報酬率的確比 0050 高，但是台積電的股價波動大，股價經常暴漲暴跌，

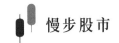

這也許就不是一般人能夠承受的。

好股票不同進場點 長期績效差不多

　　投資這件事情永遠沒最佳的方案，只有最適合你的方案，因此我們也不必然要「二分法」，買個股就不能買 ETF，買 ETF 就不能買個股，或許可以同時持有，「複利奇蹟」最重要的還是要靠「時間」才能累積。

　　投資人最終就是要賺到足夠的錢，來達成自己的投資目標，這邊分享一個公式給大家：

> **賺的錢＝累積股數 × 公司 EPS× 時間**

　　簡單來說，持續累積好公司的股份，這些公司長期下來就會不斷幫你賺錢，而且會越賺越多。因此，投資人想要賺錢，必須做到幾項要點：①選擇成長的公司，才有成長的每股獲利（EPS）；②長時間持有股票；③不斷累積更多的股數。

　　投資人接下來會問，什麼時間點才是累積股數的好時機呢？基本上，如果選對股票，幾乎任何時刻都是好時機，圖表

圖表 9-5 **1965 ～ 1995 年投資標普 500 指數 ETF 績效**	
買入時機點	平均年化報酬率 (%)
每年最高點進場	10.6
每年最低點進場	11.7
每年第 1 個交易日進場	11

9-5 是 1965 ～ 1995 年買進標普 500 指數 ETF 之後，不同進場點最後的報酬率績效，30 年下來，就算你每年運氣不好在最高點進場、或運氣很好在最低點進場，最後報酬績效其實差不了太多。

實際上，投資人不可能都在最低點進場，也不可能運氣差到都買在最高點，所以大部分投資人都應該是平均值附近（圖表 9-5 參考霍華・馬克斯（Howard Marks）所著《投資最重要的事》一書）。

長期持有大盤型指數 ETF，基本上報酬率就會和大盤差不多，不過我目前並沒有買台灣股市的指數型 ETF，而是自己組合 20 檔股票成為「華倫 ETF」，如前文所述，因為我個人非常喜歡研究股票，喜歡研究個股基本面，我也喜歡擁有個別公司的感覺，喜歡參加股東會和法說會，喜歡接觸公司經營團

隊，喜歡認識更多在企業經營上面非常傑出的經理人⋯⋯這是
我投資的樂趣。

3 種判斷方法 累積更多存股數

　　除了選對好公司，長期持有之外，再來就是不斷累積股
數，那麼，究竟如何累積股數呢？先說明一下貝他值（β 值）。

　　β 值是用來衡量某一種證券或某個投資組合相較整體市
場波動性的評估指標，如果以台股任何一檔股票來看，就是
這檔股票和加權指數連動關係的程度，β 值大概會落在 0 ～
2 之間。

　　比如中華電（2412）的 β 值若是 0.21，就表示大盤平均
上漲或下跌 1%，中華電股價只會上漲或下跌 0.21%；反之像台

✛ 華倫語錄 ✛

投資這件事情永遠沒最佳的方案，只有最適合你的方
案，因此我們也不必然要「二分法」，買個股就不能
買 ETF，買 ETF 就不能買個股，或許可以同時持有。

積電的 β 值為 1.15 時，表示大盤平均上漲或下跌 1%，台積電股價平均上漲或下跌 1.15%；所以中華電的波動程度比大盤小很多，而台積電股價變化幅度大於大盤。

　　一檔股票的 β 值＞1，當加權指數上漲時，該檔股票的漲幅就會比加權指數大，然而當加權指數下跌時，該股的跌幅也會比加權指數大，代表該股容易大漲大跌；相反，如果一檔股票的 β 值＜1，那麼當加權指數上漲時，該股的漲幅會比加權指數小，而當加權指數下跌時，該股的跌幅也會比加權指數小，亦即該股不易大漲，也不易大跌；當 β 值＝1，就表示該股的波動性和大盤相當，比如代表大盤指數的 0050，其 β 值就接近 1。

　　β 值是過去 1 年的統計紀錄，看 β 值大小可以幫助投資人判斷股票的類型，以及外資持股多寡，通常成長性高和外資持股高的股票，β 值會大於 1，該股票相較大盤指數波動性較大；反之，定存股或者成長性較小的股票，還有外資持股低的股票，β 值會小於 1。

　　接下來再給大家一些買股票和投資組合的建議：

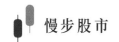

● 建議 ① : 定期定額（ β 值小）

β 值（相對大盤波動）小、股價波動小、成交量小的股票，用定期定額投資是個好方法，像是有些食品股或是環保概念股，投資人可以選擇一些手續費優惠且下單便利的券商定期定額買進，幾年下來，報酬績效會慢慢顯現。

為什麼特別提成交量小的股票？舉例來說，食品售價調漲後幾乎就不會降回來了（訂價權），因此只要食品股獲利成長，就很難大幅度衰退，尤其是這些股本小、成交量小的股票，持股大多集中在董監事、大股東以及公司經營團隊與員工手上，市場上流通量很少，主力大戶和三大法人不太會碰這樣的股票，猶豫的投資人也不敢碰這樣的股票。

這類公司的股價比較貼近基本面，套句市場的話就是「籌碼比較乾淨」，至於成交量大的股票，主要是因為猶豫的投資

✚ 華倫語錄 ✚

什麼時間點才是累積股數的好時機呢？基本上，如果選對股票，幾乎任何時刻都是好時機。

圖表 9-6	β 值＜ 1 的股價波動較小

— 大盤 — β 值

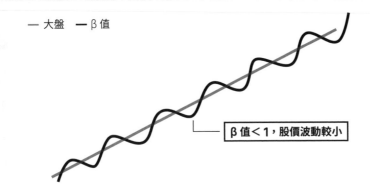

β 值＜ 1，股價波動較小

圖表 9-7	β 值＞ 1 的股價波動較大

— 大盤 — β 值

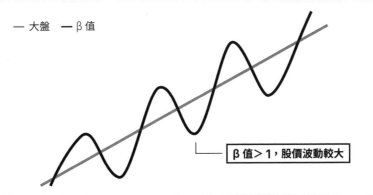

β 值＞ 1，股價波動較大

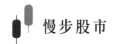

人比較多，籌碼較凌亂，股價常常高於或低於基本面太多，波動太大。

股神巴菲特旗下波克夏（Berkshire Hathaway）的成交量較小，因為他希望股價接近公司的價值基本面，這樣投資人比較不會受傷，這類股票很難等到大跌的買點，除非遇到像2020年新冠肺炎爆發的狀況，否則這類股票不太會有低點可以讓投資人買進。

假設我在2004年買進15元的中華食（4205）之後，都一直不加碼，多年後回頭看，因為成本實在很低，報酬率一定高得嚇人，但是關鍵問題在於，這樣的方式賺不了大錢，因為沒有一直增加持股數量。

實際上，華倫老師是一路20幾、30幾、40幾、50幾、70幾元一直加碼，這樣才能累積更多的股數，2020年疫情期間雖然沒買到最低點，但是也買到86元，相信再過30年後，70元買進和86元買進的績效應該也差不多。像中華食這種類型的股票，要等股價崩盤真的很難，所以靠著定期定額或趁小跌修正時就可以陸續買進。

✢ **華倫語錄** ✢

並不是所有股票都不能「追高」，前提是你必須要非常理
解這家公司，因為每一檔股票狀況不同，所以做法也不同。

◉ 建議 ②：大跌時進場（ β 值大）

針對 β 值比較大的股票，的確可以耐心等待大跌時買進，不過也有可能等了好一段時間，不但沒有大跌，還眼睜睜看著好股票一路上漲，投資人必須要有足夠的耐心，抱好手上永續成長的好公司，等待個股「輪流攻擊」，當股價出現難得一見的大跌（通常是市場發生系統性風險，導致全球股市重挫時），就可以逢低買進這類好公司。

◉ 建議 ③：合理價位進場

投資人也可以根據公司獲利狀況，來判斷未來半年的展望，接著評估股票合理價，這也是我目前的做法。舉例來說，某檔股票 200 元，每股盈餘是 15 元，當這檔股票漲到 400 元，而 EPS 也成長到 35 元，此時 400 元的股價比 200 元更便宜，因為本益比較低，我就會再加碼，「累積更多的股數，在未來

才能賺更多」，就算拉高平均成本也沒關係，不是說股價上漲就是貴，只要公司獲利成長幅度大於股價漲幅就可以。

$$（200 元 ÷ 15 元）= 13.33 倍$$
$$（400 元 ÷ 35 元）= 11.42 倍$$

　　這邊也要提醒投資人，由於我們是依據公司獲利來判斷股價是否合理，所以當公司出現不明原因獲利衰退時，或預期未來沒有成長，但本益比偏高時，這時候就要觀望。舉例來說，當年統一超（2912）處分上海星巴克，貢獻 20 元業外 EPS，當時股價上漲高過 300 多元就要觀望。

　　不過，並不是所有股票都不能「追高」，前提是你必須要非常理解這家公司，因為每一檔股票狀況不同，所以做法也不同。有些股票你想要等到大跌，但無奈公司的基本面一直成長，投資人可能會慢慢向上買，像是我當年不斷買進中華食一樣，甚至台積電也是如此，你要等到中華食和台積電跌到 30 元再買，怎麼可能？所以加碼持股的做法不能一概而論。

　　總結來說，我個人還是非常愛買股票，過去 17 年都如此，

現在也不例外，我選股不選市，不看大盤指數，不碰景氣循環股，只看個別公司的基本面，不斷累積股數，然後長時間持有這些好公司，讓他們幫我累積財富。

1 分鐘重點學習

1. 存 ETF 的優點
投資 ETF 的好處是它自己會汰弱留強，投資人不用花太多時間考慮個股基本面，對於忙碌的上班族來說，是非常好的投資選項。

2. 好股票進場時機
選對好公司，若看好長期發展趨勢，進場時機早晚就不是那麼重要了，只要持續累積股數長達數十年，最終都能獲得差不多的報酬率。

3. 用 β 值判斷波動
β 值是用來衡量某種證券或某個投資組合，相較整體市場波動性的評估工具。一檔股票的 β 值 > 1 時，代表股價波動高於大盤，反之，β 值 < 1 時，代表股價波動小於大盤。

存股致富心法 10

向巴菲特取經
別只學表面功夫

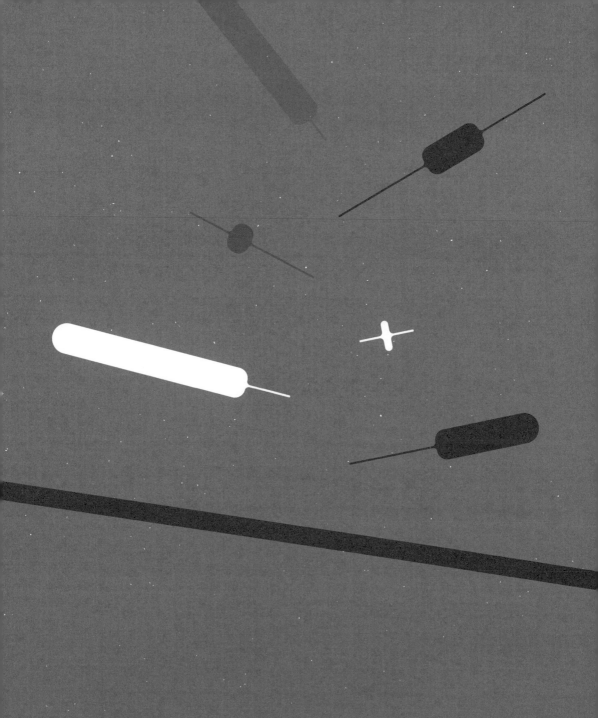

巴菲特不會去預測股價、頻繁交易，也不試圖賺價差，
但當他發現苗頭不對，也會斷然做出賣股的決定。

股神巴菲特（Warren Buffett）的故事，相信很多投資人都知曉或略有耳聞，我個人就是學習巴菲特的價值投資精神才能逆轉人生，從流浪教師邁向財富自由，對於巴菲特所推崇的價值投資，我們到底可以學到什麼？怎麼運用在我們的長期存股目標？

我研讀過巴菲特的故事，發現他早期也是靠幾檔重要的股票賺大錢，像是美國汽車保險公司 GEICO、華盛頓郵報、美國運通、富國銀行、可口可樂等大家耳熟能詳的知名企業，巴菲特都是在公司遇到倒楣事情、股價大跌的時候買進，當然，前提是這些事情並不影響公司競爭力。在此先大概描述一下股神的投資經歷與持股配置，看看有什麼值得我們模仿的地方，當然巴菲特也有投資失誤的部分，只是非常非常少。

1965 年巴菲特接手經營波克夏時，紡織廠的生意已經江河日下，他將波克夏公司資本重新配置，改投資保險、糖果、百貨公司（失誤的投資）、銀行、媒體、菸草、飲料、食品、刮鬍刀、航空（失誤的投資）、百科全書、珠寶、製鞋、能源、鐵路等，一直到現在的蘋果公司，大多數的投資績效都是普通

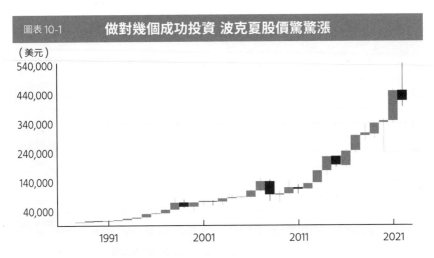

圖表 10-1　做對幾個成功投資 波克夏股價驚驚漲

（美元）

資料來源：CMoney 法人投資決策系統

水準而已，但只要緊抱幾檔成功的投資，就足以讓他在 1993
年成為世界首富。

　　雖然在 1994 年之後，巴菲特首富的寶座讓給了微軟創辦
人比爾・蓋茲（Bill Gates），但是到了 2008 年金融海嘯過後，
巴菲特又一度重返世界首富位置。

股神傲人成績 來自 4 大業務

　　談到巴菲特，一定要看看他所經營的波克夏控股公司，

究竟是著墨在哪些領域及業務，讓巴菲特多年來的投資有如此傲人成績。

巴菲特在 2022 年發布的股東信中指出，波克夏公司最有價值的 4 大資產分別是保險公司、蘋果（Apple）、鐵路與能源。

●業務 ① ：保險公司

當中比較著名的包括 GEICO 保險公司、全國產物保險（National Indemnity Company）、通用再保（Gen Re）、冰雪皇后（Dairy Queen）、時思糖果（See's Candies）、內布拉斯家具（NFM）等，巴菲特主要是利用保險公司收取的保費，作為可動用資金運用在投資上。

投資人如我，其實也很想入主一家保險或產險公司，這樣就會有很多資金可以進行投資，而且還是無息資金，只可惜我個人沒有這麼多的資金，無法買下一間保險或產險公司。

回到國內來看，如果國泰金（2882）和富邦金（2881）、新產（2850）、台產（2832）等國內保險公司的投資業務，和巴菲特的績效一樣厲害，應該也可以創造非常棒的價值。

●業務 ②：蘋果公司

　　波克夏的投資業務方面，目前市值前幾大的股票分別是蘋果、美國銀行、美國運通、可口可樂等全球知名企業，其他持股還有比亞迪、穆迪、通用汽車等。

　　值得一提的是，巴菲特相當中意的蘋果公司（為波克夏這幾年的投資報酬貢獻良多），我個人比較想用台積電來替代，主要是考慮到 5G、智慧型手機、國防裝置、高速運算、自駕車、串流服務、虛擬與混合實境、元宇宙等新科技蓬勃發展，這些新科技背後不可或缺的驅動力，就是越來越先進的晶片。

　　投資人應該不難意會，台積電先進製程的晶片在可預見的未來，就會像空氣一樣無所不在。如果全世界只有台積電一家公司，能夠做出如此高良率、高效能的晶片，這當然就是一門非常棒的生意，況且台積電也是蘋果的供應商。

　　順帶一提，2022 年 11 月 15 日，股神果然斥資逾 41 億美元買進台積電 ADR，成為波克夏投資事業的第 10 大持股，這也顯示護國神山強大的競爭力，同時這也是巴菲特第一次買台灣的公司，身為台灣的投資人，怎能不與有榮焉？我們可以跟

著張忠謀董事長和股神巴菲特一起賺錢。

●業務 ③：鐵路運輸公司 BNSF

　　BNSF 是北美洲最大型的貨運鐵路公司，業務橫跨美洲大陸，運送包括煤礦、石油、糧食、貨物、貨櫃等原物料及各類物資，巴菲特持有這種類似「收過路費」的公司，並不令人意外。

●業務 ④：能源公司 BHE

　　BHE 的前身是中美能源公司，早期是從事地熱發電業務，後來進入廢棄物發電領域，也在印尼與菲律賓設立發電廠，並取得英國北方電力公司 70% 股權，接著又買下美國 2 家跨洲天然氣公司，收購 6 個西部大洲的發電廠，近年來則是收購各式替代能源資產，特別是風力發電和太陽能發電公司，也收購加拿大的電力輸送公司等。

　　像 BNSF 和 BHE 這種類似公共事業的公司，成長幅度無法和蘋果、Google、微軟等科技公司相比，但卻可以提供巴菲特穩定的現金流回報，國內這類型的公司就好比我個人的持股：崑鼎（6803）、可寧衛（8422）、中保科（9917）、電

時間就是最好的「護城河」，貫徹並學習巴菲特精神，
長期累積更多的股數，耐心持有，每年獲得更多的現
金股利，朝向個人財富自由的目標邁進。

信股等類公共事業股票。

聚焦公用事業 台灣也有範例

　　以我個人非常喜歡的崑鼎公司（6803）為例，簡述基本面如下：公司前身是「信鼎」，原本只是中鼎旗下一個焚化爐操作的部門，後來獨立出來成為一家公司，信鼎初期的業務比單純，就是台灣的焚化爐營運代操，並售電給台電，在焚化爐操作的過程中，會遇到焚化爐需要維修和整改的狀況，經過多年的學習曲線，信鼎也開始承接國內各單位的機電維護歲修，像是軌道、空調、水力、電力、消防等設備的維護。

　　1999 年「崑鼎投控」成立，2001 年取得台中烏日焚化爐 BOT 案，成立特許權公司「倫鼎」，為了垃圾清運成立「暉鼎」，2008 年取得苗栗焚化爐 BOT 案，成立特許權公司「裕

鼎」，信鼎、倫鼎、裕鼎、暉鼎皆為崑鼎的子公司。2010 年
崑鼎打敗法國廠商，取得澳門焚化爐代操業務，成立「瑞鼎」；
「祥鼎」則負責中國焚化爐的監管業務。

　　2011 年崑鼎進入太陽能發電廠領域，成立「昱鼎」，其電
廠座落於美國紐澤西，在台灣也取得數十座電廠開發權，由於
經濟規模擴大，公司也為小型太陽能電廠提供操作營運服務。
到了 2014 年又成立「元鼎」，從事高熱值廢棄物和汙泥再利用，
並取得「寶綠特」20% 股權，業務是寶特瓶 PET 回收再利用。

圖表 10-2　崑鼎（6803）股價走勢

資料來源：CMoney 法人投資決策系統

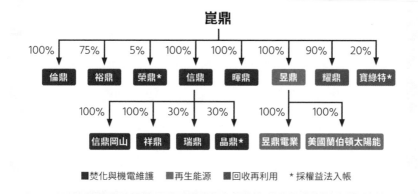

圖表 10-3　崑鼎（6803）投資架構

■焚化與機電維護　■再生能源　■回收再利用　＊採權益法入帳

資料來源：崑鼎 2022 年 3 月 23 日法說

　　到了 2018 年崑鼎入主一家異丙醇回收再利用公司，並更名為「耀鼎」，異丙醇是半導體公司製程中會產生的廢棄物，隨著台灣半導體公司的成長，耀鼎獲利也不斷成長，耀鼎並有赴美設廠的計畫，以就近協助台灣的半導體公司在美國的業務。

　　2022 年下半年桃園生質能中心──榮鼎也將完工投入營運，這是國內最先進的焚化爐廠，後續會交由信鼎代操，業務包括大桃園市的垃圾焚化、廚餘和水肥生質能沼氣發電售電，

焚化爐底渣處理再利用等。

　　近年來崑鼎也進入水資源領域，投入再生水廠與汙水廠的操作營運，同時也進入碳權交易市場，為以後碳中和領域做準備，之後將在彰濱工業區成立「低碳循環再利用暨掩埋中心」，除了既有的清運、焚燒之外，正式進入掩埋領域，並跨足廢棄太陽能面板回收再利用領域。種種發展也呼應了 2017 年崑鼎的英文名字改為「ECOVE」的動作，該品牌標語是珍惜每一份資源，公司願景為最值得信賴的永續資源循環領導者。

　　環保事業不受景氣影響，資源循環回收再利用也是大勢所趨，缺電也是台灣目前的問題，崑鼎雖然經營公共事業比較多，但卻是民營公司，憑藉經濟規模擴大，相信經營能力比公營事業更有效率，未來崑鼎可以水平垂直整合更多環保事業，成立更多「X 鼎」子公司。

╋ 華倫語錄 ╋

巴菲特不會去預測股價、頻繁交易，也不試圖賺價差，
但當他發現苗頭不對，也會斷然做出賣股的決定。

雖然我不知道會有哪些領域，但這就交由崑鼎公司去經營就好了，身為股東的我，每年數鈔票就可以了。投資人有沒有發現，崑鼎的發展和波克夏能源公司 BHE 的軌跡頗為類似呢？

最高指導原則 買進並持有

從波克夏公司的 4 大業務來看，巴菲特所持有的股票都是舉世聞名的老牌企業，當中不少還是護城河廣闊且進入門檻不小的寡占企業。

有趣的是，巴菲特曾說過，他對經營公司沒什麼興趣，但是他對自己的朋友、房子、懷念的食物、持有的股票，有著難以言喻的依戀，巴菲特就是喜歡擁有它們，他說：「我們偏好買進，我們整個投資生涯就是緊抱股票不放，拒絕說再見。」

2022 年巴菲特寫給股東的信有一句話說道：「我們的目標是在那些具有一定經濟規模的和有一流 CEO 的企業中，取得一定的投資，我們會投資這些企業是出於我們對這些企業長期表現的預期，而不是將它們當成短期市場股價波動的遊戲，我和蒙格不是玩股票的人，我們選的是一門好生意。」

　　「買進並持有」是巴菲特投資的最高指導原則，他的投資哲學就是長期擁有一家公司，除非公司真的已經喪失繼續成長的競爭力，營運不斷衰退，他才會賣出。

　　此外，巴菲特不會去預測股價、頻繁交易，也不試圖賺價差，但當他發現苗頭不對，也會斷然做出賣股的決定，波克夏曾經停損的股票就有美國航空、冠軍國際紙業（Champion International）、IBM、特易購、甲骨文等。

長期抱好股 殖利率接近 50%

　　巴菲特在 2001 年買進穆迪信用評等公司，20 年後獲利達到 38.86 倍；持有比亞迪經過 14 年，也有 33 倍的帳上獲利；持有可口可樂 34 年，報酬率也達到 18 倍，由此可見長期投資驚人的回報。

　　就講可口可樂好了，34 年前（1988 年），巴菲特投資可口可樂的總成本是 13 億美元，目前可口可樂每年都會發放 6 億美元以上的股息給波克夏，換句話說，若以當時巴菲特買進可口可樂的成本計算，目前可口可樂的殖利率接近 50%，現在

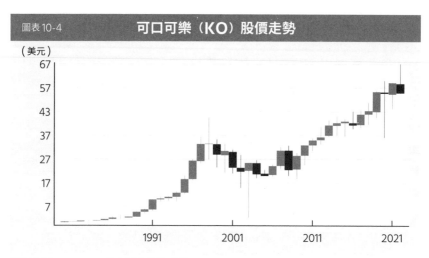

圖表 10-4　可口可樂（KO）股價走勢

（美元）

資料來源：CMoney 法人投資決策系統

只要每過 2 年，就能把當時的投資金額回收一次，這還沒有計算可口可樂未來繼續成長、配息也會再增加的狀況。

再以我個人持有最久的中華食（4205）為例，17 年前以 15 元買進，如果以配息 3.5 元計算，殖利率為 23.3%，如果再過 17 年，中華食的配息成長到了 7.5 元，以我當初 15 元的買進價計算，殖利率就會高達 50%，也就是我每 2 年就可以回收我當初買進所付出的成本。

舉這些例子是想要告訴投資人，時間就是最好的「護城

河」，貫徹並學習巴菲特精神，長期累積更多的股數，耐心持有，每年獲得更多的現金股利，朝向個人財富自由的目標邁進。

 1 分鐘重點學習

1. 股神的買進策略
巴菲特都在好公司遇到倒楣事情，股價大跌的時候買進，前提是這些事件不會影響公司競爭力。

2. 波克夏 4 大賺錢業務
巴菲特能有今日的成就，歸功於波克夏的 4 大業務，分別是保險事業（GEICO）、蘋果（Apple）、鐵路運輸公司（BNSF）、能源公司（BHE）。

3. 巴菲特持股原則
巴菲特對經營公司沒什麼興趣，但對自己的朋友、房子、懷念的食物、持有的股票，有著難以言喻的依戀。他就是喜歡擁有它們，整個投資生涯也是緊抱股票不放，拒絕說再見。

4. 時間是最佳護城河
長期持有好股票，並貫徹巴菲特的精神，持續累積更多股數並耐心持有，代表每年會獲得更多股息，邁向財富自由之路。

Note

存股致富心法 11

萬物齊漲
股價也有通膨效應

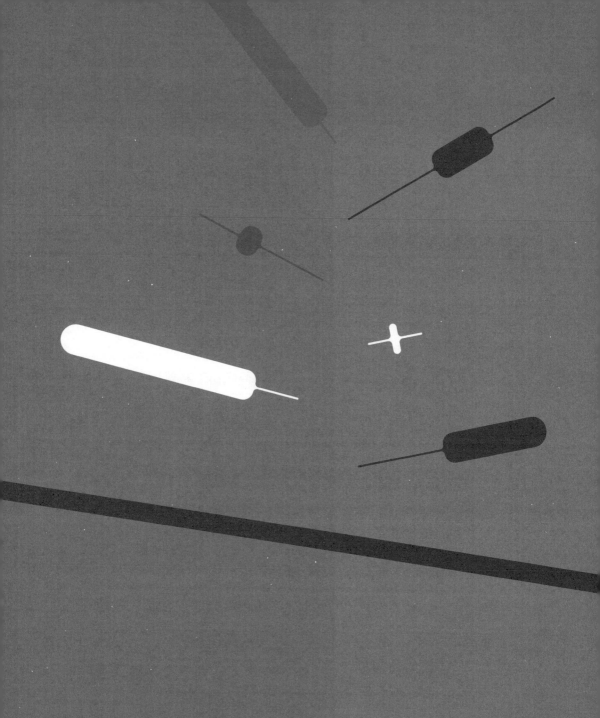

我對持有太多現金資產沒有安全感，
對於持有績優股票才有安全感。

存股是長期投資，因此不像賺價差的短線投資人需要「忙進忙出」，然而，即便投資人能夠認同「長期股市會一直上漲」的道理，存股的道路也不會一路平坦，因為漫長歲月中，總會出現幾次股災，對於意志不堅定的投資人，這時候才是最大的考驗。

存股族該知道的第一件事，就是「不要當猶豫的投資人」。重大股災來臨時，幾乎所有公司的股票價格都在跳樓大拍賣，只差在有的打 9 折、有的 8 折、有的對折、有的「骨折」，此時只要手上還有閒錢資金，當然就是二話不說「加碼」，因為過了幾年之後你再回頭看，應該再也看不見股災時那麼低的價位了。

同樣道理，當股市在多頭時，幾乎所有股票都在不斷上升，這時候就會有人擔心，繼續買的話不就是在「追高」嗎？華倫幫有位同學聊到，他定期定額買台積電已經超過 3 年，當股價下跌時也會加碼一些，但他發現原本損益是正向的，甚至有一陣子資本利得很大，可是到 2022 年時卻開始縮小。

上面 2 種情況看似不同，其實都有一個共同點，就是「猶

✚ 華倫語錄 ✚

股災難得出現時，幾乎所有公司的股票價格都在跳樓大拍賣，只差在有的打 9 折、有的 8 折、有的對折、有的「骨折」。

豫」，主要理由就是對自己的存股方法不夠堅定。在這裡和大家談談「股價通貨膨脹」這件事，投資人就會明白為什麼我一直鼓勵大家要不斷累積持股。

惡性通膨來臨 千金難買衛生紙

　　先說說「惡性通貨膨脹」是什麼？顧名思義，就是物價上漲的速度非常快，像辛巴威、中國、巴西、委內瑞拉等許多國家都發生過惡性通膨，其實台灣以前也發生過，當時政府最終把不斷貶值的舊台幣回收，換成現在的新台幣。

　　你可能無法想像，惡性通膨發生時，物價 1 天可能暴漲100 倍，此時民眾不願意持有現金，都把現金換成物品，因為今天不去消費，明天會更貴，持有的貨幣越來越不值錢，早上

1 包衛生紙 100 元，下午可能就變成 1 萬元，這個時候你認為手上持有現金比較好嗎？還是擁有商品或資產比較好？你願意拿 1 千萬辛巴威幣去買 1 包衛生紙嗎？不買的話，明天 1 包衛生紙會變成 8 千萬辛巴威幣。

當發生惡性通膨的時候，人們會急著把現金換成商品或資產，因為金錢變得越來越不值錢。台灣現在並非處在惡性通膨時代，而是溫和通膨時代，所以我們也要溫和、慢慢地把手上的現金變成資產（股票），因為你不把現金變成資產，同樣的資產未來會越來越貴。

投資人可以看看大統益（1232）、中華食（4205）這些食品股 20 年來股價越來越高，大盤指數也越來越高，這就是「股價」的通貨膨脹，就像看到職棒球員、NBA 籃球員的薪水，也比 20 年前高出非常多，都是通膨效應。

✦ **華倫語錄** ✦

發生惡性通膨的時候，人們會急著把現金換成商品
或資產，因為金錢變得越來越不值錢。

現金會縮水 好股票價值更高

　　舉個例子來說，1913 年的 1 美元相當於 2013 年的 23.49 美元，上個世紀美國每年通膨率為 3.25%，這導致每過 20 年，物價就會翻倍上漲，光是上個世紀，通貨膨脹就高達 2,000%，1910 年代只需要 1 美元就能買到的東西，到現在售價已經超過 20 美元。

　　同樣的道理，溫和通膨意味著大家手上的新台幣也會越來越不值錢，等值的貨幣購買力會越來越差，這時投資人還會認為長期持有現金比較好嗎？還是我們應該擁有會成長、會漲價的公司比較好？長期來看，只要是有護城河、定價能力高的好公司股票，肯定會比現金更有價值。

　　所以我從 2005 年開始存股以來，不管大盤指數是 4,000 點還是 1 萬 5,000 點，我的持股水位都是 90% 以上，幾乎是「有閒錢就買股票」，就像我第 1 本書《流浪教師存零股存到 3000 萬》封面就是「要讓我的每一塊錢都幫我賺錢」，因為我對持有太多現金資產沒有安全感，對於持有績優股票才有安全感。

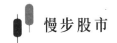

　　10 幾年前我還是流浪教師的時候，常常買股票買到沒錢，然後就蓋牌，不再看股市行情，反正看了又不賣，也沒錢再買，所以乾脆不看了，等下個月薪水入帳後有錢再繼續買，當然我相信現在很多存股族都跟我一樣，就是不斷累積股數。

　　簡單來說，存股族要當個「固執的投資人」，不要受到外在大環境的雜音干擾，指數、股價短期本來就是會漲漲跌跌，千萬不要在大跌時害怕不敢進場，上漲時又怕是在「追高」，因為，長期股市是會隨著經濟成長一直向上的，這就像是好公司的股價也會隨著公司獲利、配息增加而持續向上。

存股必學 算對正確報酬率

　　存股族要留意的第二件事，則是必須「真正了解報酬率」

＋ **華倫語錄** ＋

溫和通膨意味著大家手上的新台幣也會越來越不值錢，
等值的貨幣購買力會越來越差，這時投資人還會認為
長期持有現金比較好嗎？

的計算方法與比較對象。直接舉例子來說明較容易理解，投資人可以動腦想想，下面 3 種投資報酬率，大家喜歡哪一種？

① 某甲只在 20 元買 1 張，漲到 40 元，他的績效就是 100%（漲 1 倍＝ 100%）。

② 某乙在 20 元和 30 元各買 1 張，平均成本就變成 25 元，假設股票漲到 40 元，那麼投資績效就是 60%〔（40 － 25）÷25〕。

③ 我是在 20 元買 1 張之後，22 元、24 元、26 元、28 元、30 元、32 元、34 元、36 元、38 元、40 元一直「追高」買進存股，並且用 90% 的現金買股票存起來，所以平均成本高達 30 元，我的績效只有 33%〔（40 － 30）÷30〕。

從一般人的直覺反應來看，大家應該都會認為甲的績效最好（100%），其次是乙（60%），而我的投資報酬率最差（33%），但是大家再進一步想想，實際上誰的總報酬金額最高？誰領到的總股息最多？實際狀況是，我領最多，財富自由了，但是甲和乙都沒有，因為他們分別只有 1 張與 2 張中華食（4205）股票。想要財富自由，當然不是買進 1、2 張股票就

可以辦到。

　　這邊我要和大家分享正確的報酬計算方式與比較方法。甲、乙和我在過去某個時間點，同時買了 1 張 20 元的股票，現在股價 40 元，所以我們 3 個人投資績效平分秋色，都是 100%。

　　在買完第 1 張股票後隔了 1 個月，甲將手上 2 萬 2,000 元現金存入銀行，因為他不追高股票，乙也將 2 萬 2,000 元存入銀行，因為他想要先觀望，我則是花了 2 萬 2,000 元再買進 1 張股價 22 元的股票。因此，當股價漲到 40 元，甲的績效是 0.1%（銀行活存利率），乙的績效也是 0.1%，我的績效是 81.8% 〔（40 － 22）÷ 22〕，狂勝甲、乙的 0.1%。

　　我買完第 2 張股票後又過了 1 個月，甲工作賺了 2 萬 4,000 元又放入銀行，因為他不追高股票，乙也將 2 萬 4,000 元存入銀行，因為他還是想要觀望，我則是花了 2 萬 4,000 元再度「追高」買進 1 張股價 24 元的股票。同樣以股價漲到 40 元計算，這次甲的績效還是 0.1%（銀行活存利率），乙的績效也是 0.1%，我的績效是 66.7%〔（40 － 24）÷ 24〕，還是狂勝 0.1%。

✚ 華倫語錄 ✚

我對持有太多現金資產沒有安全感，對於持有績優
股票才有安全感。

　　這樣大家知道怎麼計算長期下來正確的投資理財績效了
嗎？分子是「賺的錢」沒有錯，但分母不是你投入股票的錢，
而是你所有可以投入股市的總資產，當然也包括你不敢「追
高」，只想觀望而放在銀行的錢，由此可知，甲跟乙都沒有好
好運用放在銀行的錢，拖累了整體的投資績效。

　　甲和乙決定把錢放在銀行，而不是繼續存股，所以計算甲
和乙的總報酬率時，銀行裡的錢也要放進分母當中，總報酬率
大約是 30.3%〔2 萬 ÷（2 萬 ＋ 2.2 萬 ＋ 2.4 萬）〕。

　　反觀我把可以投資理財的錢都放進股市裡面，所以計算
總報酬率是 81.8%〔（2 萬 ＋ 1.8 萬 ＋ 1.6 萬）÷（2 萬 ＋ 2.2
萬 ＋ 2.4 萬）〕。

　　某人資產有 1 千萬元，結果只敢買 10 萬元股票，該檔股
票上漲 1 倍，某人宣稱他的投資績效是 100%，其實這是不正

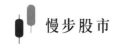

慢步股市

確的，因為他有 990 萬元都放在銀行，而銀行的利率不到 1%。

閒錢放銀行 財富龜速成長

這也是我常常提醒投資人，寧願去買中華電信、台灣大、銀行股或油電燃氣股這類穩健的股票，也不要把錢放在銀行，原因，算算上述股票的殖利率平均也有 3.5%，甚至近 5% 的殖利率，銀行定存卻不到 1%，就算是大環境開始升息，銀行利

圖表 11-1	長期持有電信股 投資績效誘人		單位：元
股票名稱	中華電	台灣大	遠傳
股票代號	2412	3045	4904
投入金額	100,000		
年度	2006 ～ 2022		
期數	合計 17 年		
股票股利	4.2	0	0
現金股利	74.33	74.88	56.15
期末終值	710,642	861,144	518,875
總領現金	298,179	447,368	261,622
投資報酬率	610.6%	761.1%	418.9%
年化報酬率	12.2%	13.5%	10.2%

說明：表格以 2006 年 1 月 1 日買進 10 萬元為例，計算這 3 家電信股累計至 2022 年的報酬績效和總領股息，可以發現長期持有電信股具有不錯的投資績效。

率要升多少次，要升多久時間，才有可能趕上這些股票的殖利率呢？

千萬不要小看這 5% 和 1% 的差別，等時間久了，就會是非常巨大的差距，再者，時間一分一刻流逝，只要投資人把股息再投入，加上這些股票每年也都順利填息，時間越長，複利的效果會越來越大。

由於具有護城河的股票長期都會一直上漲，如果你只在一開始投入之後即不再「追高」，反而將每月工作扣除生活費用後的閒錢（長期資金）放在銀行，那就算再過 100 年，你也

圖表 11-2	定期投入 vs 一次性投入績效差異	單位：元
投資年數	每月固定投資 1 萬元期末金額	一次性投入 1 萬元期末金額
5	816,697	17,624
10	2,300,387	31,059
15	4,995,802	54,736
20	9,892,554	96,463
25	18,788,466	170,001
30	34,949,641	299,600
35	64,309,595	527,997
40	117,647,725	930,510

說明：以年報酬率 12% 為期望值（過去 17 年中華電和台灣大都有符合年化報酬率 12% 的標準），每月固定投入 1 萬元資金，和初期投入 1 萬元資金之後就不再「追高」情況差別。

無法財富自由。

如果每個月不只投入 1 萬元，投入越多，複利累積下的總金額越大，當然也能越快達成財富自由的目標，反之，長期下來放在銀行的錢越多，財富累積也就越慢，甚至還會被通貨膨脹侵蝕這些存款的購買力。

了解正確計算投資報酬率的方法之後，如果你這個月有 2 萬元閒錢（長期資金），要如何用這 2 萬元創造出最好的投資績效？是要用這 2 萬元買台積電零股還是中華電零股？還是放在銀行領 0.5% 的利息，然後等待大跌時再進場？或者乾脆就將這 2 萬元放在銀行很長一段時間？

前面章節說明過了，不要把你現在買進 A 股票的價格，拿來和你過去 2、3 年買進 A 股票的平均成本混為一談，請獨立計算並比較各自的長期報酬。投資人要考量的是，現在拿這

＋ **華倫語錄** ＋

長期下來放在銀行的錢多，財富累積也就越慢，
甚至還會被通貨膨脹侵蝕這些存款的購買力。

2 萬元買進 A 股票，或是把這 2 萬元放在銀行，10 年後哪一種方式會幫你賺得比較多？相信大家的答案應該很清楚。

做短線患得患失 賠錢還得付手續費

最後存股族要留意的事，就是「聚焦企業的長線價值」，預測短期股價這種幾乎不可能的任務，就交給那少數 5% 的神人去做吧！在投資的路上，很多投資人看到短暫幾個月或 1、2 年的股價下跌，想到帳面縮水就覺得虧了，認為應該高檔賣出，低檔再買回來，當投資人有這種想法時冒出來時就要當心了，你可能已經有做短線的心態。

做短線的人有 95% 無法累積財富，因為他們患得患失，所以常常抓龜走鱉、追高殺低，不只白忙一場，還付給政府和券商非常多的手續費和證交稅。如果你是少數 5% 的神人，自然就可以靠短線致富，當然也不必存股了，就怕你自以為是那 5% 的人，實際上卻是那 95% 做短線會賠錢的人。

打從我進入股市以來，經歷過的崩盤事件包括 1997 年亞洲金融風暴、2000 年網路泡沫、2001 年 911 恐怖攻擊、

2003 年伊拉克戰爭、2003 年 SARS 疫情、2008 年次貸風暴金融海嘯、2010 年歐豬 5 國希臘倒債、2014 年 TRF 風暴、2018 年中美貿易戰爭、2020 年新冠肺炎⋯⋯

然後呢？就算發生這麼多事情，長期來看，優秀公司的獲利還是越來越好，配息越來越高，股價也越走越高，所以我認為，就算是定期定額投資，不去管買進的價格，長期也會成功賺大錢。

重點是，你必須「長期投資」，無須理會總體經濟變化，或是他人對股價走勢的預測，只要聚焦長期企業的價值，專注未來公司創造現金流的能力（也可以說配息能力），然後在個人能力圈範圍之內，買進擁有護城河及優秀經營團隊的公司，長期持有，就能夠幫投資人創造非常巨大的財富。

＋ 華倫語錄 ＋

如果你是少數 5% 的神人，自然就可以靠短線致富，當然也不必存股了，就怕你自以為是那 5% 的人，實際上卻是那 95% 做短線會賠錢的人。

1 分鐘重點學習

1. 現金越來越不值錢
當通膨來臨時，手上的現金會變得越來越不值錢，長期來看，持有優質公司且具有護城河特質的股票，肯定比持有現金更具價值。

2. 正確計算投資報酬率
就獲利除以本金的公式來看，分子是「賺的錢」沒錯，但分母不是你投入股票的錢，而是你所有可以投入股市的總資產，包括你放在銀行的錢。

3. 複利帶來巨大差異
把錢放在銀行的定存利率僅 1% 左右，遠不及買入一家好公司帶來的 5% 殖利率，加上存股隨著時間複利的特性，兩者將出現非常巨大的差距。

4. 聚焦長線價值
儘管市場不時會遇到利空事件，就長期來看，優秀公司的獲利還是越來越好，配息越來越高，股價也越走越高。

存股致富心法 12

克服心魔
最大的敵人是自己

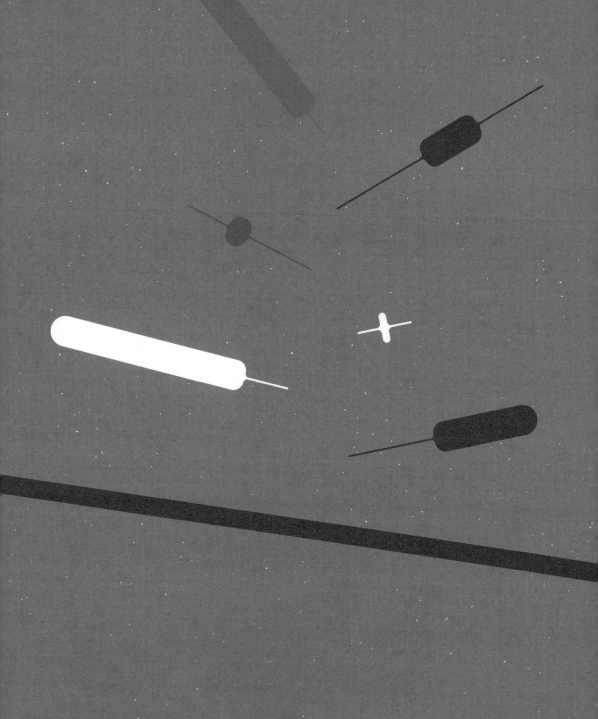

身為投資者，只要有足夠的「耐心」，
最後的報酬都會非常豐碩。

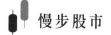

慢步股市

　　存股最大的敵人是誰？我想多數投資人應該都猜得出來，談到投資這件事，個人心態與心理建設占了最大的關鍵部分，其實，自己往往就是最大的敵人，大家想必會好奇，究竟在信心薄弱、沒有耐性、舉棋不定種種負面情緒襲來的時候，該如何克服自己的心魔？

　　在股市表現不佳的時候，投資人的心情最容易受到影響。曾經有同學問道：「面對股市大幅修正的非常時期，有沒有比較具體的買進策略？比如用每檔個股的合理價打 8.5 折或 8 折，甚至 7 折，來預估波段低點，再用手上資金做間隔買股的計劃？」

　　就以我個人存股 17 年的經驗，提供大家一些做法，克服自己的心魔。

方法 ❶：成本不用錙銖必較 時間就是解藥

　　相信有多年投資經驗的人，都還記得 2008 年金融海嘯的慘況，我還記得當時中華食（4205）也從 20 幾元跌到 15 元，我在 18 元買進 1 張後，股價又跌到 15 元，18 元跌到 15 元跌

220

幅是 16.7%，當時我也覺得買早了。

但是，中華食經過 10 幾年的配股配息之後，還原權息的股價已經接近 200 元，以我當初股價 18 元買 1 張來看，目前每股賺了 182 元，相當於賺了 10 倍。故事還沒完，我當初也買了 1 張 15 元的中華食，目前賺了 185 元，問題來了，請問投資人賺 185 元和 182 元的差別有很大嗎？

再舉個「時間更久遠」的例子，1964 年股神巴菲特買進波克夏，當時的股價大約是 10 美元左右，如果你買的比巴菲特貴 1 倍，在 20 美元買進，經過幾十年來的複利累積，波克夏股價已經超過 40 萬美元，巴菲特和你當初買進的波克夏，如今都已經大賺 40 萬美元，細算的話，你也只比巴菲特少賺 10 美元而已，請問這 10 美元有很重要嗎？

舉這些例子想要表達的是，一般投資人覺得錙銖必較的「成本」，在買進當下會被「放大來看」，但對於長期價值存股的人來說，這筆投資時間拉得越長、賺得越多，長期來看，成本差異實在微乎其微。試想，某檔股票別人買在 10 元，結果過沒多久你卻在 20 元買進，別人一定覺得你追高買貴了，

慢步股市

但是多年之後回頭一看，20 元變 40 萬元，當初的成本有多重要呢？

時間不但是解藥，更是強大的護城河，至於很多股票非理性下跌，相信只要具有普通常識的你，都能判斷什麼時候是好買點。

舉例來說，2022 年 8 月美國眾議院議長裴洛西（Nancy Pelosi）訪台，中國政府使出禁止台灣食品進口這招，2022 年 8 月 3 日德麥（1264）一開盤就大跌 9 元，你只要知道德麥的主力市場在台灣，轉投資公司的無錫芝蘭雅則在中國當地生產，完全沒受到禁令影響，就知道這是撿便宜的時刻了。

市場的情緒多變且無理取鬧，很多時候股價短期表現漲跌的很瘋狂，我們要做的就是不要理會，甚至可以反過來利用它。

＋ 華倫語錄 ＋

一般投資人覺得錙銖必較的「成本」，在買進當下會被「放大來看」，但對於長期價值存股的人來說，這筆投資放的時間越長、賺得越多。

方法 ❷：存股要輕鬆 保持愉悅心情

記得我在 2008 年金融海嘯和 2020 年 3 月新冠疫情時，還是一直維持買進股票，買到沒錢吃土就移除 App，等到下個月薪水入帳，如果有跌我就再買，如此而已。

若是投資人想要每天買，或者資金少的人要分批布局，可以把股價間距拉大、每筆買進金額縮小，例如每次買進 1,000 元（可以買零股），如果真的子彈用完了又繼續跌，那就等下個月有閒錢再來。

投資人既然已經選擇存股這條「慢慢來」的路，眼光就應該放得長遠，並且相信自己可以挑選具有長線投資價值的好公司，然而，投資人存股就是要放輕鬆，可以隨興且保持愉悅的心情，選擇自己中意的投資組合，等待持股輪流攻擊。反之，存股最忌諱把股票換來換去，小心會變成交易者，而不是投資者。

只要方向正確，我們還有更簡單的存股方式，就是不理會股價漲跌，每個月定期定額買進，讓電腦幫你下單，只要時間夠久，到最後都能大賺錢，所以，投資人不要每天被股

價影響心情，也不要被「太早買」或「買不到」影響心情，
更不要太在意一定要買到最低點或賺最多，因為這幾乎是不
可能的任務。

　　相反的，大多數做短線和當沖的人，恐怕都是賠錢，只是
賠多賠少而已，所以，存股族已經很幸福了。

　　我們不用刻意預測股市的多空，因為長期指數會不斷上
漲，成功的投資者能夠冷靜並保持耐心，當股價下跌時，他
們反應鎮定且不恐慌，只要公司競爭力和未來成長性不變，
中間下跌的過程只有一個字，就是「買」，然後等待長期豐
收的果實。

方法 ❸：不貪圖高報酬 用複利小錢滾大錢

　　大家可能認為 1 年賺近 20% 不算高，很多理財書號稱可
以年賺 18%、30%，也許沒有說謊，因為作者的確在某一年
度賺到 18% 或 30%，但也有可能在某個年度賠 20% 或 30%，
這通常不會寫在書裡，巴菲特過去 40 年的年化報酬率是
20%，就已經成為全世界前 5 大富豪了，如果有人說每年可

存股就是要放輕鬆，可以隨興且保持愉悅的心情，
選擇自己中意的投資組合，等待持股輪流攻擊。

以賺 18%、30%，那他的資產遲早超越巴菲特，你覺得有可
能嗎？

不要幻想一夕致富，這只會出現在童話故事，如果連續
20 年的績效都是 20%，你知道單筆 10 萬元最後會變成多少錢
嗎？答案是 383 萬元，成長 38 倍，而如果每年都投資 10 萬元
在年複利 20% 的情況下，20 年之後會變成 2,240 萬元，這比
巴菲特、彼得・林區和坦伯頓還要厲害。

所以我們應該要務實點，長期年化報酬率 20%、30% 是不
可能辦到的事情，年化報酬率 20% 就和巴菲特一樣，變成股神
了，年化報酬率 30% 應該是神仙或騙仙才有可能，而 12% 到
15% 卻是有可能實現的目標。

假設您的目標是存到 1,000 萬元，在年化報酬率 12% 的情
況下，給自己 15 年的時間，每個月大概要存股 2 萬元，一旦

當你存到了 1,000 萬元的股票市值，殖利率以 4% 計算，1 年就可以領到 40 萬元，相當於每個月加薪 3.3 萬元，這才是大家可以設定的目標，而不是從 25 歲開始玩短線，到最後都沒有累積到財富。

方法 ❹：逆向投資 提高勝算

這邊分享一下「逆向投資教父」約翰・坦伯頓（John Templeton），坦伯頓在 1940～1990 年這 50 年之間，投資績效高達 5,500 倍，換算成年化報酬率高達 18.6%，僅比巴菲

圖表 12-1 **達到 1,000 萬元目標 不同報酬率每月需投入金額** 單位：元				
1,000 萬元 目標投資年數	年化報酬率			
	6%	8%	10%	12%
15	33,776	28,418	23,844	19,959
20	21,372	16,861	13,227	10,326
25	14,329	10,555	7,703	5,580
30	9,944	6,811	4,605	3,083
35	7,055	4,478	2,795	1,724

說明：在 12% 的年化報酬率下，要在 15 年內達成 1,000 萬元的目標，每月需存 19,959 元；若投資年數拉長至 35 年，在 12% 年化報酬率的情況下，每月只需存 1,724 元，但在 6% 年化報酬率的情況下，每月需存 7,055 元的金額。

特過去 50 幾年的年化報酬率（接近 20%）略低，由此可見其投資功力。

坦伯頓 70 年的投資生涯貫徹「逆向投資」，比方他在 911 恐怖攻擊美股暴跌的時候，買進受創最嚴重的航空類股，6 個月之後賺了 72%；在二戰期間買了美國鐵路股賺了 40 倍；1945 年二戰之後，坦伯頓買進戰敗國日本的股票，到了 1968 年上漲了幾十倍。

坦伯頓喜歡研究最近 5 年表現最差的股票，評估背後原因是暫時性還是永久的？以及公司有沒有出類拔萃和與眾不同的地方？在探究這家公司的企業文化、商業模式及領導人特質之後，若發現未來的勝算很高就買進，接著就是耐心等待。

過去 2 年因為疫情有不少受惠股，像口罩股、清潔用品股、面板股、航運股、居家辦公概念的電子股；也有很多因為疫情和通膨受災慘重，包括食品股、教育股、觀光股、零售股……

2022 年隨著疫情趨緩，當初的受惠股從高點下來都有不小的跌幅，如果你是逆向投資者，應該把眼光放在疫情和通膨受害股上面，因為只要疫情結束，這些公司就會回到原來的成長軌跡，比如寶雅（5904）就在台灣疫情趨緩後，業績和股價快速反彈。

坦伯頓在二戰期間及戰爭之後分別買進美國和日本股票，他也不知道股市需要花多久時間才會回到正常水平，但他願意耐心等候。

1973 年巴菲特花了 1,060 萬美元買進《華盛頓郵報》後，股價卻腰斬，帳面上最多虧損 5 成，但巴菲特沒有賣出，並且在股價下跌或合理的時候一直加碼買進，他持有華盛頓郵報長達 33 年，後來大賺了 124 倍。

簡單來說，用「長期資金」投資「具有護城河競爭力」的公司，一直持有到公司故障為止，身為投資者，只要有足夠的「耐心」，最後的報酬都會非常豐碩。

方法 ❺：保持距離 降低情緒影響

就算是坦伯頓、巴菲特、彼得・林區這些投資大師，也不

✝ 華倫語錄 ✝

身為投資者，只要有足夠的「耐心」，最後的報酬
都會非常豐碩。

能買進的每檔股票都會全壘打，總有買錯股票的時候，因此，
這也是我一再強調做好「投資組合」的原因，適度的分散持股，
選擇幾檔你有信心且喜歡的公司，才不容易被少數個股拖累，
影響整體績效或心情。

　　幾乎所有投資人都會受到股市新聞影響情緒和策略，其
中，不少人離盤面太近、資訊太多，因此頻繁交易，而「投資」
與「投機」的差別就在於時間長短不同，如果頻繁短線交易，
恐怕就是把股市當成賭場，而投資人就變成賭徒，恐怕要到虧
很多錢之後，才會想要開始存股或乾脆不買股票。

　　投資需要安靜思考，坦伯頓不住在華爾街，而是住在巴哈
馬群島，他大部分時間是在海灘上曬太陽、閱讀，完全不關心
股市，每天只花 1 個小時的時間看看從紐約寄來的過期報紙。

　　巴菲特也搬到鄉下奧馬哈，不住在華爾街，華爾街是靠「不

斷交易」賺錢，只是賺錢的是券商或政府，投資人則要靠「不交易」賺錢，任何刺激你買賣交易的環境，都要遠離。

如果你天生是一個悲觀主義者，那非常不適合投資股票，因為悲觀者不可能賺到大錢，一有點風吹草動就把股票賣了或是頻繁換股，不可能享受到長期複利的奇蹟。

正如坦伯頓說過：「股市偶爾會下跌甚至大跌，但不要失去信心，股市最後總是會上漲的」。只有樂觀的投資者才能在股市中勝出，樂觀者就是存股不賣的人，是股票市場固執的投資人，這也正是價值投資者的信仰所在。

+ **華倫語錄** +

「投資」與「投機」的差別就在於時間長短不同，如果頻繁短線交易，恐怕就是把股市當成賭場，而投資人就變成賭徒，恐怕要到虧很多錢之後，才會想要開始存股或乾脆不買股票。

1 分鐘重點學習

1. 長期投資不計較成本

對於長期價值投資人而言，投資放得越長越久，最後賺得越多，當存股經過數十年時間，當初買進的成本差異其實微乎其微。

2. 保持愉悅心情

存股之路應該慢慢走，選擇中意的股票，並維持放鬆愉悅的心情，才不會被股價漲跌影響心情。

3. 存股不會一夕致富

存股是靠長期累積股數，透過複利小錢滾大錢，執著於短線漲跌最後將累積不到財富。

4. 逆向投資

在重大利空事件發生時，先評估股票是否只是受到暫時性影響，若是長期穩健的好公司，就不用過度擔心，只要在合理的情況下逢低買進，耐心等待公司回到正常軌道。

5. 樂觀存股

要享受長期複利的結果，就要避免當一個悲觀的投資者，一有風吹草動就將股票賣出或頻繁換股，只會養成長期投機的心態。

存股贏家
31 個關鍵 Q&A

　　我把自己打造的投資組合稱為「華倫 ETF」，手中持股共通點就是要永續成長，扣除 2020 年新冠疫情的影響，「華倫 ETF」每年的獲利和配息都要穩定成長，不可以暴起暴落，不能是景氣循環股，因為不管願不願意，有一天大家要從職場退休，沒有收入，到時就要靠穩定成長的股息作為生活費，要是你存到景氣循環股，公司時好時壞，萬一公司虧損無法發放股息，該怎麼辦？

　　講述完存股必學的 12 個心法後，這幾年來我經常收到網友的各種提問，我彙整後在這邊回覆，大致拆分為選股條件、產業類型、資金配置、一次性損益、零股、股東會、公司經營者、籌碼面這幾個面向，共 31 個問答幫大家解惑，希望我們可以一起慢步股市，達到財富自由彼岸。

───── 選股條件 ─────

Q1：應該符合什麼條件，可以納入存股清單呢？

從我自己的「華倫 ETF」分成細項重點來看，納入存股名單要滿足下列幾個條件：

①公司產品、服務具壟斷或寡占特性，最好在該產業市占排行前 2 名。

②公司產品或服務要簡單易懂、長久不變、具持久性。

③自由訂價能力高、受景氣影響小、具重複消費特性。

④公司過去 5 ～ 8 年獲利和配息都穩定成長。

⑤非流動負債（向銀行借款）占稅後淨利比重小於 2。

⑥毛利率＞ 20%、營業利益率＞ 10%、股東權益報酬率（ROE）＞ 15%

Q2：護城河有哪些，各自代表什麼意思呢？

這是帕特・多爾西（Pat Dorsey）寫的一本書《護城河投資優勢：巴菲特獲利的唯一法則》裡面所提到的 5 個護城河，

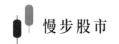

包括：①品牌、專利、特許執照；②轉換成本；③網路效應；
④成本優勢；⑤有效規模，說明如下：

①**品牌**：有些公司的品牌就是吸引消費者，消費者不會買其他
的品牌，這就是品牌優勢，比如說可口可樂、蘋果、中華豆腐、
大學眼科、中興保全等；或是擁有政府的特許執照，比如電信
公司、台灣高鐵、廢棄物處理公司等。

②**轉換成本**：意思是你被一家公司綁住走不了了，比如你已
經綁約繳年費，或是你已經習慣用一個軟體或平台，還是已經
習慣用一家公司的服務，這是別家公司無法提供的，比如說微
軟、好市多、德麥（1264）、台積電（2330）等。

③**網路效應（Network Externality）**：你會因為大家都在那
邊就跟過去，這就是網路效應，例如大家都用臉書或 LINE，
如果你不用就沒辦法和大家相處，像是大家都在 104 人力銀行
找工作，包租公和包租婆都在 591 租屋網刊登廣告，多數店家
都用 Visa 或 Master 信用卡刷卡等。

④**成本優勢**：如字面上的意思，也可能是具有特殊資產的優
勢，比如某家公司有焚化爐和掩埋場，而競爭對手沒有，像崑

鼎（6803）、日友（8341）、可寧衛（8422）等。

⑤ **有效規模**：有效規模則是希望公司市占率超過 30% 以上，像是大統益（1232）、統一超（2912）等。

以上這 5 個就是護城河優勢，具備以上越多條件，公司就越強大，因為競爭對手無法越過護城河。

Q3：如何判斷企業是否具有護城河條件？

我舉 2 家公司來做對比，從生活中很容易判斷。首先是中華食（4205），它具有品牌優勢，多數人吃豆腐就會想到中華豆腐，幾乎不太會轉換到別家品牌，中華食在台灣盒裝豆腐的市占率超過 50%，具有規模優勢。

再來看榮成（1909），是一家造紙公司，你買紙箱不會特別去要求什麼品牌，可以用就好了，也不會因為你朋友用什麼紙箱，你就買什麼紙箱，更不會因為這次用了榮成做的紙箱，下次就不會轉用台紙（1902）、正隆（1904）、永豐餘（1907）、華紙（1905）、士紙（1903）或其他中國廠商做的紙箱，而且榮成紙箱的市占率僅 16%，不具有規模。

Q4：企業的護城河會有潰堤的情況發生嗎？

當然有可能，比如說王品（2727）以前具有品牌效應，市占率高，對消費者有網路效應，但隨著餐飲業的牛排館和火鍋店越開越多，王品的市占率就逐漸降低；再來看大豐電（6184），以前經營有線電視第 4 台很好賺，但是現在大家都看網路電視、Youtube、MOD，也讓第 4 台獨占壟斷的優勢受到挑戰。

────── 產業類型 ──────

Q5：存股是否要先從產業展望下手？

股神巴菲特說：「我們偏愛那些不太會發生重大變化的公司和產業，我們一直在尋找 10 年或 20 年的時間裡，擁有巨大競爭力的企業，至於那些迅速轉變的企業，有可能帶來巨大的成功機會，但是我們把它排除了，新產業產生了許多新公司，但最後只有少數幾家得以存活，將會由 1、2 家獨霸市場。」

　　因此不論是以前的電腦、手機、網路、軟體、太陽能、LED、面板，到後來的 4G、5G……這些高科技股都存在著長期不斷變化的風險，現在的高科技在未來不見得是高科技，除非你有眼光選到龍頭公司，20 年前聯電（2303）的股價和台積電（2330）差不多，可是現在兩者股價已相差超過 10 倍，很多新創的科技公司到最後只有少數 1、2 家能獨霸市場。

　　如果你對未來的高科技變化沒有這麼敏銳，建議避開高科技電子股，必須忽略一些高科技電子股短期的成長性，否則當一項高科技被取代時，股價會崩跌非常嚴重，甚至面臨生存危機。

Q6：如何觀察產業是否具有未來成長性？

　　散戶的優勢是從日常生活中就可以觀察，投資大師彼得・林區（Peter Lynch）說過，很多散戶就是無法把嚴肅的股票研究，跟開車到處吃甜甜圈畫上等號，大家都喜歡投資一些自己完全不了解的東西，好像這樣才會感到安心，華爾街似乎有

一個不成文法則，如果有樣東西你不了解，就把一生積蓄押進去，刻意避開可以親眼看到的公司，這是什麼道理？

正因為這樣，我在 17 年前看到大家都在吃中華豆腐，所以買進中華食；後來看到許多餐廳小吃店都用大統益的沙拉油炒菜，我就買進大統益；看到民眾喜歡吃麵包和蛋糕，於是買進德麥；看到很多女生喜歡逛寶雅，就買進寶雅（5904）；看到很多朋友近視都去大學眼科做雷射手術，就買大學光（3218）。

Q7：找出未來有發展性的產業，該如何挑選個股？

你要找的是未來 10 年、20 年、30 年會成長的產業存股，而不是找未來 1 ～ 2 年或 2 ～ 3 年會成長的公司存股，比如上一段講的民生消費食品股，只要物價通膨越來越高，食品公司的產品可以漲價，自然公司獲利就越來越高，選定產業之後，可以去網路搜尋該公司的市占率，只要該公司市占率超過 30% 以上，就算是寡占市場了，如此才可以開始存股。

資金配置

Q8：選出好股後，該如何分配資金進場？

依照股票屬性和投資組合，來分配各種股票比例，包括成長股和定存股的比例都分配好之後，就用每個月的薪水，分批布局在合理價或便宜價的股票，再次強調，存股要用長期資金，不能用短期會用到的資金，這個月可用資金用完之後，就等下個月，盡可能趁年輕多存一點好股票，當然每年的股息也必須再投入投資，才能達到複利效果。

Q9：持有個股後，有追蹤持股的 SOP 嗎？

基本上我們要存股的標，就是公司獲利不斷成長，每年配息也不斷成長，這樣累積複利的效果比較快速，所以每個月10 日前先看公司營收表現，只要公司的營收年增率（YOY）是成長，那就沒問題了。

其次，每一季要追蹤公司的財報，當然季報獲利也要呈現年成長才行，至於其他項目，可以用「華倫存股」App 去

篩選追蹤。

Q10：投資要做資金控管嗎？該如何分配持股水位呢？

過去 17 年來，不管大盤是 1 萬 5,000 點還是 5,000 點，我幾乎都是把 90% 以上的資金放在股票市場，因為我選擇的股票，大部分都是長期穩健成長，錢放在銀行只會越來越不值錢。大家都知道通貨膨脹非常可怕，所以我不放太多資金在銀行，雖然 2022 年開始升息，利率仍低，錢放銀行只是加速貶值而已，如果以長期幾十年來看，把錢放在股票的報酬率會比銀行高出非常多。

Q11：遇到股市大跌的時候怎麼辦？

這點應該是投資人最難克服的，我開始存股之後，也遇過 2008 年金融海嘯、歐債危機、中國 TRF 風暴、美中貿易戰、新冠肺炎等股災，每次都造成股價大跌，然而每次股災之後，公司的獲利和配息以及股價都跳得更高。

事實上發生股災才是你更應該累積股數的時刻，因為長期

來看，人類社會越來越進步、經濟越來越繁榮，優秀的公司會想辦法擴張、賺更多錢，大家如果把投資股票想成自己是公司的老闆和股東，就如同全聯超市沒有上市一樣，手中有股票，心中無股價，忽略股價漲跌，著重每年股息的成長，這才是最重要的，也不要想每次都會買在股價最低點，用定期定額的方式存股，也能創造非常好的複利效果。

Q12：存股適合用「定期定額」方式嗎？

這倒沒有一定，但我非常建議新手採取定期定額的方式存股，每個人還是應該專注在自己的本業，在職場上努力，先賺到本薪，才有閒錢存股，千萬不要在上班時玩當沖或做短線，因為股價漲跌造成心情起伏，影響生活又影響工作，最後恐得不償失。

Q13：手上持有幾檔股票是最理想的狀態？

看你的資產而定，我覺得至少要有 5、6 檔，隨著你的資產增加，一邊觀望其他好股票，再慢慢加碼，我記得我 17 年

前開始存股的時候也是 5、6 檔開始，我目前股票市值超過 6,000 萬元，投資組合已經有 20 檔股票了。

在投資組合方面也要注意，貝他值（β 值）小於 0.5 的股票，股價波動不大，長期穩健向上成長，但有些股票 β 值較高（大於 1.0），股價波動很大，常常大漲大跌，如果你無法適應台積電像「大怒神」或「雲霄飛車」般大起大落，那就多買點中華電信像「旋轉木馬」這樣波動較小的股票，反之亦然，在公司獲利和配息都穩定成長的前提下，可以在合理價慢慢加碼，或如前述定期定額投資也可以，但還是要提醒大家，不要過度重押某 1、2 檔股票。

────────── **一次性損益** ──────────

Q14：如何看出「一次性獲利」或「一次性虧損」？

業外的一次性獲利或一次性損失，可以在財報損益表營業利益下面看到，稅前淨利上面的數字就是業外的獲利或損失，一般常見的就是匯兌損失和匯兌收益，如果是比較大筆的業外

損益通常會出現在新聞報導，比如某某公司處分子公司或處分土地廠房資產等。

除此之外，暫時性的獲利或損失就要由常識判斷，比如 2021 年到 2022 期間，新冠肺炎讓台灣實施三級警戒，防疫措施造成很多商業活動暫停，因此公司出現暫時性的獲利停滯，比如寶雅就在這段期間出現多次單季獲利 EPS 衰退 25% 以上的情況，然而當台灣逐漸放寬防疫措施，寶雅的營收和獲利就成長回來了，因此這是屬於暫時性的獲利衰退，此時股價下跌反而是買進的機會。

寶雅（5904）近年 EPS 與配息狀況							單位：元
時間	2016	2017	2018	2019	2020	2021	2022
第 1 季	2.56	3.41	4.54	4.65	5.06	6.20	5.01
第 2 季	2.87	3.01	3.75	4.34	4.08	2.91	2.84
第 3 季	3.58	4.41	4.93	5.13	7.03	3.92	6.07
第 4 季	3.00	3.80	4.28	5.19	5.43	5.49	—
合計	12.01	14.63	17.50	19.31	21.60	18.25	—
配息	10.7	13	15.75	17.1	18.7	11	—

相反的，2020 年初因為新冠疫情造成口罩需求大增，有些做口罩的股票像恆大（1325）的獲利暴增，2020 年上半年

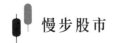

的獲利相較 2019 年大幅度成長 3,100%，也就是成長 31 倍，
但是當 2022 年疫情舒緩、口罩產量大減之後，公司的獲利和
股價會被打回原形，所以當這種股票大漲時，一定不能買進存
股，該如何得知呢？你只要看恆大 2016 ～ 2019 年沒有疫情
之下的 EPS 就知道了，當疫情結束之後，恆大的 EPS 就會回
到 2019 年以前的狀況。

恆大（1325）近年 EPS 與配息狀況						單位：元	
時間	2016	2017	2018	2019	2020	2021	2022
第 1 季	0.35	0.02	0.1	0.13	1.45	1.84	0.04
第 2 季	0.31	0.14	0.28	0.14	7.21	1.63	0.03
第 3 季	0.35	0.17	0.15	0.06	8.04	-0.29	0.28
第 4 季	0.15	0.18	0.17	0.1	6.46	0.08	—
合計	1.16	0.51	0.70	0.43	23.16	3.26	—
配息	0.8	0.35	0.5	0.3	12	2	—

Q15：當發生一次性獲利或虧損時，股價大幅波動該怎麼辦？

投資人通常特別重視「近期」發生的事件，「近期」事件
對股價的影響力常常超過應有的程度，所以當某些公司有一次

性或暫時性的獲利或虧損出現時，股價也會反應過度。

像統一超在 2018 年處分上海星巴克，貢獻 EPS 達 25 元，結果統一超股價大漲到 378 元，但過了 1 年之後，股價又跌回 300 元以下；剛才講的恆大在疫情期間獲利雖然很好，但是當疫情趨緩，公司獲利也會急轉直下，股價當然也會打回原形。

反之，像寶雅因為疫情造成營收和獲利大減，股價大跌到 260 元，但後來業績恢復，股價就大漲回到 450 元以上。

當你買進因為一次性或暫時性虧損的股票之後，仍然要保持非常大的耐心，畢竟你是在這些股票受到冷落的時刻買進，市場對於股票價值的認定，不會一朝一夕之間改變，可能需要好幾年的時間，身為價值投資人，你可以慢慢低價買進，然後就是耐心等待。

Q16：是否要避開一次性獲利或虧損的情況，存股比較安心？

如果碰到一次性或暫時性獲利的股票就要避開，但如果是一次性或暫時性的虧損反而是買點，巴菲特曾說：「對我而言，

股票市場並不存在，股市只是提供一個參考，讓我看看是誰在那邊做傻事罷了。」人棄我取是在股市中賺錢的不二法門。

再複習一下彼得‧林區的話：「成功投資人具備的特質：耐心、自信、知識、堅持、能忍受痛苦、能不受外在環境影響、以及在一片騷亂之中平靜以對的能力。」

───────── 存零股 ─────────

Q17：手上沒什麼現金，買零股也能存嗎？

沒錯，我剛退伍出社會的時候也是小資族，當時我有幾百塊或幾千塊都拿去存零股，因為我的目標很明確，要在 15 ～ 20 年之內達到財富自由退休，所以我盡量節省日常生活花費，盡可能地存股。

Q18：盤中零股交易開放後，對存股有什麼影響？

從我 17 年前開始存股，我都盡可能地用閒錢存股，所謂閒錢就是薪水扣掉一些日常花費，就是幾年都用不到的錢，只

要把緊急預備金放在定存，其他的資金都可以用來買股票，如果有買 1 張的錢，我就買 1 張，如果資金不購買 1 張，我就買零股。

以前零股都要收盤後才能買，而且一天只有一次機會，上班族有時候剛好要開會或有事情要忙，就錯過下單的機會，而且有時候盤中股價跌，但收盤又漲回來，盤後零股價格勢必較高。

自 2020 年 10 月 26 日開放盤中零股交易以來，真的方便許多，現在不用等到收盤後就可以下單買零股，當盤中股價急殺的時候，也可以分批買零股，比起之前只能在盤後買零股，現在成交機率又更高了。

Q19：利用零股存股的優勢有哪些？

很多同學會問，存股要先把錢存夠一次買 1 張，還是分批慢慢買零股？個人是認為慢慢存零股利多於弊，因為你慢慢存也是在存股，有時候股價漲一點，你也不會想要賣掉，因為也賺沒多少，但如果你是買 1 張，有可能股價漲一點，你就想要

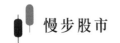

賣掉，那就變成做短線價差而不是存股了。

第 2 點，如果買 1 張股票要存錢存很久，比較無法養成存股的慣性，如果好不容易存到 10 幾萬塊買 1 張股票，股價卻跌了 5% 或 10%，就沒有錢可以再逢低加碼，反之，買零股就比較不怕股價再跌，反正下個月還有薪水可以再買零股。

第 3，由於買零股的資金比較少，所以你可以分散買好幾檔零股，比較容易建立投資組合，假設投資組合中的 A 股票跌、B 股票漲，你就可以買 A 股票的零股；然後下個月領薪水，B 股票跌、C 股票漲，你就可以買 B 股票的零股，存零股是最沒有負擔和壓力的存股方式。

Q20：零股交易有缺點嗎？盤中買零股的策略是什麼？

我認為是利多於弊，好處前面說明過了，壞處可能就是比較麻煩，因為你要常常下單，但如果你不嫌每天下單很麻煩，反而可視為一種樂趣，每天都有下單，看看能不能成交。

至於我個人盤中買零股的策略，通常都是開盤前就先下單了，可能同時下很多檔或 1 檔下很多筆，如果是幾 10 元的低

價股，我可能會每 5 角或 1 元為一個間距，就買 1 筆 5,000 塊的零股；若是 200 多塊的高價股，我就以 5 元為間距，開盤前掛在那邊等待，如果沒有成交，隔天繼續下單，尤其是成交量不大的冷門股，盤前下單比較容易成交在好價位。

但是千萬要留意，下單時是「盤中零股」還是「整張」買進，像我在 2022 年 10 月底就下錯單，我還有把對帳單貼在臉書粉專，本來要買的是 12 股台積電，不小心按成 12 張台積電，我又沒有開當沖戶，所以只好硬著頭皮去籌措 467 萬元交割款了；另外，單日的交易額度不要設太高，如果只設定 50 萬元，就算你按錯要買進 12 張台積電，程式也不會讓你過。

Q21：盤後零買股的策略為何？

大部分情況下，當天零股的成交價會比收盤價高，但有時候也會比較低，通常如果我買的零股是 100 元或 200 元以上的高價股，我最多會比收盤價多 2.5 元，有時候多 1 元也可以成交，如果因為股票跌很多，我很想買到，我也會加價

3 元。

你不要認為這樣不划算，因為你買 1 張也不見得會買到最低價，買完之後也有可能再下跌，而且你存到很多錢直接買 1 張，萬一後來股票又跌，就沒錢再加碼了，買零股的好處就是少量資金就可以存股，如果遇到下跌，下個月還有薪水可以再加碼。

有些投資人買零股只比收盤價多 0.5 元或掛平盤價，這樣通常很難買到，結果股價從 200 元跌到 170 元你沒買到，然後又從 170 元漲到 200 元，你永遠沒買到。

我建議可以這樣做，股價從 200 元跌到 190 元，你買零股可以比收盤價多 0.5 元或 1 元；如果沒買到，股價如果再從 190 元跌到 180 元，你可以多 1.5 元到 2 元；如果再沒買，然後股價又從 180 元跌到 170 元，你就可以再高一點，增加 2.5 元，因為你運氣已經算很好了，之前股價 200 元、190 元、180 元你都沒買到，現在又有 170 元的更低價出現，你買零股就可以用多一點錢去買，不然等漲上去，你最後還是沒買到。

─────── 股東會 ───────

Q22：應該去參加股東會嗎？

如果你真心把投資的公司當成是自己的寶貝，想讓這些公司為你帶來永久的被動收入，若時間允許的話，當然要去參加股東會，順便感謝一下辛苦幫你工作的公司大老闆和經理主管。

以我自己來講，因為我是公司的長期投資人，並不是做短線將股票買來賣去的人，所以公司每年的股東會是我必定安排的行程，公司董事長、總經理或高階主管也都會認識你，並和你分享公司經營的現況，以及未來會發展的計劃。

你也可以針對營收、獲利的狀況請教公司，尤其當公司獲利衰退，更要問清楚原因及改善的計劃，經過一時間之後，要再追蹤公司的後續發展，是否和當初講的不一樣。

如果獲利衰退的狀況無法改善，就要評估是公司的誠信問題，還是能力問題，對於沒有誠信又沒有能力的公司，就不適合再持有下去了。

 慢步股市

Q23：參加股東會可以幫助我們得到什麼資訊？

我通常會問的問題是：①擴張計劃，包括新產品、新事業或新市場，這關乎公司未來的 EPS 和配息成長；②產品市占率是否提升，包括競爭對手的狀況；③財報問題，包括毛利率、營業利益率、負債、現金流量、股利政策等等，我都會加以請教。

一般來說，如果你每年都出席股東會，公司也會非常信任你，甚至會請你吃飯、結交朋友。

Q24：不參加股東會，可以透過什麼方式掌握企業營運
　　　狀況？

股東會是每年一定要召開的，所以一定可以參加，這也是小散戶唯一可以和大老闆聊天的機會，除了股東會之外，有些公司會不定期舉辦法人說明會，這也是公司說明營運重點的機會，但由於很多法說會限定法人才能參加，一般小股東和散戶會被拒於門外。此外，可以打電話去主辦券商詢問，有時候券商還是會讓你參加。

但是法說會比較嚴肅，無法像股東會可以和公司高層輕鬆聊天，因為法說會有時間限制，我個人不論是股東會或法說會都一定會參加，因為對一家公司越深入了解，就不會太過在意它的股價漲跌，當公司股價下跌，你會知道這只是暫時的原因，不久就會改善，反而能利用大家恐慌賣出時買進。

歡迎大家一起和華倫老師參加股東會，會後「華倫幫」的同學都會一起聚餐，聊存股、聊股息、聊生活……這樣你才知道，存股路上不寂寞，有非常多志同道合的朋友。

公司經營者

Q25：一間公司的經營者，會影響我們的投資決策嗎？

彼得‧林區說過，最好能投資一家連傻瓜都能經營的公司，因為公司遲早有一天會輪到傻瓜來經營，所以他寧願投資製造絲襪的公司，而非通訊衛星產業，因為製造絲襪不需要高科技，而衛星通訊需要高科技。

所以，傳統產業若能建立起護城河，經理人就不是那麼重

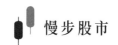

慢步股市

要，但高科技公司往往需要關鍵經理人，這就會是一個風險。

　　如果是一家建立起護城河的傳產公司，再加上優秀的經理人團隊，對公司自然是大大加分，我通常會利用每年的股東會或法說會，親自和公司經營團隊接觸，詢問他們對公司未來的發展計劃，並持續追蹤經營團隊說話的誠信度和執行力，如果公司每次講的願景都能兌現，那就是非常卓越的經營團隊。

Q26：如何觀察一家公司的經營者好壞？

　　前面提到，我們要持續追蹤公司經營者在各種場合的談話，看看達成多少目標計畫，有些公司經營者做到 8 分但只講5 分，比較保守；有些公司經營者比較膨風，公司只做到 3 分卻講 10 分，長期追蹤經營者就可以知道他們的誠信如何，再來可以觀察股東權益報酬率（ROE），如果長期每年的 ROE都大於 15%，就表示公司經營團隊的績效不錯。

Q27：當公司更換經營者時，該如何應對？

　　當公司更換經營團隊時，要重新注意和追蹤，假設本來的

經營團隊表現非常好，可能因為退休的關係而交棒，新團隊確實會有變數，如果該公司是屬於高科技公司，更需要留意往後的營運，可能至少要再觀察 1 年。

──────── 籌碼面 ────────

Q28：關注董監事持股變化的重要性有哪些？

從大股東申報轉讓的方式，可以了解大股東對公司的看法，證交法對於內部人持股申報轉讓訂有規範，受到證交法監督的對象包括公司董事、監察人、經理人，以及持股超過 10% 的大股東，另外也包括上述人士的配偶和未成年子女。

如果上述對象要賣出股票必須事前申報，自申報日起算，3 天後的 1 個月期間內才可以出脫轉讓股票，而持股轉讓通常有 5 種方式：一般交易、贈與、信託、盤後配對交易、洽特定人交易 。

如果採用贈與或信託，必須繳交贈與稅給政府，而課稅的基準就是贈與或信託契約成立當天的股票收盤價，因此，懂

得節稅的大股東們一定會選在股價相對低檔時贈與給子女或信託，所以也代表這個時期股價不算太貴。

如果是盤後對特定人交易，則中性看待。有時候是大股東為了節稅，將個人名下持股轉到自己的投資公司，轉為法人或外資之後可降低稅率，有些則是為了引進重要策略股東投資，或拉攏上下游供應商客戶而轉讓股票，對公司未來營運展望都可能帶來助益。

至於內部人或多數大股東直接密集從市場拋售，則視為利空，有可能是公司內部人已經知道公司營運出了狀況，在業績還未公開之前，就先高價拋售。

Q29：董監事持股多久變化一次？

如同前述說明，如果是多位內部人或大股東密集地賣出持股，投資人就要高度警戒，是不是公司營運出了一些問題；反之，如果是公司內部人和多數大股東不斷買進公司自家股票，就表示公司對未來的營運表現樂觀，就像追蹤每個月營收和每季財報一樣，投資人可以每月、每季觀察公司內部大股東的持

股狀況。

Q30：一檔股票三大法人占比過高，是好是壞？

長期來看，如果三大法人對於某檔股票的比重逐漸增高，增持長達 1 年以上，就表示該股票獲得市場認同，若再加上公司基本面表現良好的話，短期幾天或幾個禮拜之內，三大法人賣超造成股價下跌時候，反而是存股族很好的買點，因為三大法人有時候也會短線操作、追逐熱門股。

通常我喜歡的股票，在三大法人連續大賣超的時候，我會往下慢慢承接，因為股價最後會落在合理價或便宜價，等到三大法人回頭再買進的時候，股價就會接連上漲，這個時候我們只要看戲就好。

簡單做個結論，你一定要對該股票的基本面很了解，而且對該股票未來的成長性深具信心，這個時候就可以發揮「別人恐懼時我貪婪」的精神，人棄我取，勇敢往下承接好股票，如果你對該股票不夠了解或沒有信心，只跟隨三大法人的進出操作股票，最後只有賠錢的命運。

Q31：如何判斷三大法人持股占比多寡？

如果三大法人對於某檔股票的持股比例超過 25% 以上，通常該股票的股價波動會很大，有時候國際上碰到一些利空事件，三大法人就會大賣超台股，常聽到外資把台積電或鴻海（2317）當成提款機，那是因為三大法人對台積電的持股比例非常高，當 2022 年美國升息、美元升值，外資將資金撤出台灣回到美國，外資對台積電的持股比例從原本 75% 以上，賣到剩下 70%，當然台積電的股價下跌也非常慘烈。

有些中小型股三大法人持股比例很低，可能只有 5% 以下，因為股本小，在外流通的股票不多，三大法人也鮮少追蹤，對這種冷門股沒有興趣，這反而是存股價資投資者可以尋找的寶藏，這類股票的籌碼乾淨，遇到大盤大跌的時候，股價波動度很小，因此在投資組合中，也可以布局這些三大法人持股低的好股票。

Note

_____

_____

_____

_____

_____

_____

_____

_____

_____

_____

_____

_____

_____

_____

──── 後記 ────

越簡單的東西
可以越長久

　　存股這麼多年了，要說在我的存股歷程中有什麼領悟的話，我認為「健康」、「保障」、「存股」這3件事都應該顧到。

首先，身體健康最重要。

　　隨著醫療設備和技術不斷進步，人類平均壽命不斷延長，但還是有很多長輩在病痛纏身中渡過餘生，所以大家要注意自己的身體狀況，最好能像我的阿公或王永慶，都是在睡夢中安詳過世，這叫做壽終正寢，在他們離開人世的前一天都還很健康地生活。因此，我衷心希望大家年輕就要開始注意身體健康，其中飲食和運動扮演了關鍵角色。

　　10 幾年來我一直都維持跑步的習慣，最近這幾年我也開始上健身房做重訓、上瑜珈課，這對我的身心靈和肌耐力都有幫助，當然對我存股也有幫助，因為運動和存股都需要具備「極高的韌性」和「忍受痛苦」的能力，剛開始跑步或存股都很痛苦，給自己 3 ～ 5 年的時間訓練自己養成好習慣，將使你終身受益。

其次，為自己與家人做好妥善的保障規劃。

　　2022 年初父親小中風，我在急診室聽到其他病患家屬說，一邊照顧家人一邊又要工作，讓自己蠟燭兩頭燒。

　　由於看護和病房都不便宜，加上老人家一旦發生重大疾病，往後的復健或治療都是漫漫長路，對於家庭造成不小的經濟負擔，而且這是每個人一生當中都可能會面臨到的狀況，因此我真心認為每個人都該做好醫療保險規劃，趁年輕開始存股，打造被動收入系統，同時也要準備好家裡的緊急預備金，當你有一天需要支付大筆的醫療照顧費用，你會感謝自己多年來已經做好準備了。

最後一件事，就是好好存股。

當你某一天看到醫院診所有這麼多病人，你就知道日友（8341）、杏昌（1788）、大學光（3218）這些公司的生意會有多好了。

存股不是太困難的任務，也不需要太多撇步，投資人只要記住，玩短線到最後一定是賠錢居多，最後賺錢的恐怕只有收稅或手續費的政府和券商，況且每天盯盤交易肯定影響工作，萬一遇到股市利空，晚上還睡不著覺，因此歡迎大家加入存股行列，但加入之後，就要耐心存股至少 15 年以上。

不管是為了自己的財富自由或家人保障，你都可以仔細思考一下，假設你想要每個月領 5 萬元股息，1 年大概要拿出多少現金出來投資股票或零股呢？

每月領息 5 萬元，相當於 1 年要領 60 萬元，以現金殖利率 5% 計算，股票市值要 1,200 萬元才可以達標。如果殖利率 4% 計算，股票市值則要 1,500 萬元才能達標，目前殖利率超過 5% 的穩定成長股不多，如果有 6% 或 7% 以上的股票，可能是景氣循環股，並不適合存股，所以存股族可以大略區分，以

市值 1,200 萬元介於 1,500 萬元之間的股票作為存股目標，達標後就能年領 60 萬元股息。

接下來，以複利每年成長 12 ～ 15% 計算，要怎麼達到 1,200 萬至 1500 萬元的股票市值？如果每個月投資 2 萬元且年複利 12.5% 的情況下，大約 15 年可以達到 1,000 萬元股票市值；如果每個月投資 2 萬 5,000 元，在年複利 12.5% 的情況下，同樣也是約 15 年可以達到 1,300 萬元的股票市值，一般來說，用這樣的方式存股 15 年之後，每年可以領到的股息應該介於 45 萬～ 60 萬元左右，相當於每個月 3.7 萬～ 5 萬元的股息。

這樣我們心裡大概就有底了，有關複利計算，同樣可以免費下載「華倫存股」App 做試算。

在多年存股生涯當中，我深深了解買股票其實是一種預測未來的事情，但基本上未來時時刻刻都在變化，玩短線的人一直試圖找出股價的漲跌規則，或預測未來經濟會繁榮還是衰退，其實這幾乎不可能做到。

鑑於未來難以預測，所以我才學習巴菲特的方式，喜歡簡

單、未來容易預測且不受景氣影響的股票,「不變」、「穩定」、「持續」的特質非常重要,翻開台股歷史,有多少紅極一時的公司殞落,因此在自己能力圈投資股票非常重要,當公司發生意想不到的意外,你要能判斷這件事情對公司影響多大,未來可否解決,以及 5 年、10 年後公司的樣貌是什麼?

當我買進一檔股票後就會持有很久,根本不理會股價漲跌,也不想很快就殺了一隻會下金雞蛋的雞,殺雞取卵就是短線思維,格局太小只會賺不到大錢,要克服短線思維,就要克服短期間的股價波動,漲高不賣、下跌不怕,其實有一條明確的界線,也就是能力圈,成功的投資不在能力圈要很大,而在於投資人必須知道自己的能力圈有多大。當你長期持有一檔股票,你必須要有堅定的信念,才能對抗持懷疑態度的人,不然如何人棄我取,買到便宜的股票呢?

我也不會根據總體經濟或目前題材來尋找股票,投資人要關注美國聯準會、歐洲央行或中國人民銀行的貨幣和利率政策,還要理解過去市場週期走勢、就業數據,明白經濟是處於繁榮或衰退。另外,也要分析薪資統計、通貨膨脹率,還要了

解地緣政治、產業長期變化或拐點等資料，之後把這些總體數據整合在一起，再進行相對應的投資⋯⋯這太困難了。

　　就算我們不是經濟學家，不會上述分析，我們也可以成功，因為大道至簡，「越簡單的東西可以越長久」，連豆腐、沙拉油、麵包、雞肉、果汁飲料這些簡單不變的產品，都能持續熱銷，代表這些公司經得起數十年的時間考驗，能夠長期能穩定發展，其實存股致富並沒有這麼困難，正所謂「慢慢來，其實比較快。」與大家共勉之！

NOTE

Note

慢步股市：
給存股族的12個致富心法

作者：周文偉（華倫）

總編輯：張國蓮
副總編輯：李文瑜
責任編輯：劉彥辰
美術設計：李宜峰
封面攝影：張家禎

董事長：李岳能
發行：金尉股份有限公司
地址：新北市板橋區文化路一段 268 號 20 樓之 2
傳真：02-2258-5366
讀者信箱：moneyservice@cmoney.com.tw
網址：money.cmoney.tw
客服 Line@：@m22585366

製版印刷：科樂印刷事業股份有限公司
總經銷：聯合發行股份有限公司

初版 1 刷：2022 年 11 月
初版 6 刷：2023 年 2 月

定價：380 元
版權所有 翻印必究
Printed in Taiwan

國家圖書館出版品預行編目（CIP）資料

慢步股市:給存股族的12個致富心法 / 周文偉(華倫)
著 . -- 初版 . -- 新北市 : 金尉股份有限公司 , 2022.11
　　面；　公分 . -- (創富；47)
ISBN 978-986-06732-9-6(平裝)
1.CST：股票投資 2.CST：投資技術 3.CST：投資分析

563　　　　　　　　　　　　　　111017931

Money錢

Money錢